7/15

W9-BNX-444

Doreen Colondres

La cocina
no muerde

Un recorrido por nuestras tierras
y más de 100 recetas
para tu mesa

La cocina no muerde

Primera edición: junio de 2015

D. R. © 2015, Doreen Colondres
D. R. © 2015, de esta edición:
Penguin Random House Grupo Editorial USA, LLC.
8950 SW 74th Court, Suite 2010
Miami, FL 33156

Fotografía de platillos: Rocío Lazarczuk, momentosgastronomicos.com
Fotografía de platillos páginas 55, 80, 148, 150, 154, 168, 175, 179, 180, 190:
Kelly Sterling, www.kellysterling.com
Fotografía de cubierta: Omar Cruz, www.OmarCruz.com
Diseño de cubierta: María Isabel Correa, www.monichdesign.com
Formación de interiores: Fernando Ruiz

ISBN: 978-1-941999-41-7

Printed in USA

Penguin
Random House
Grupo Editorial

Índice

Índice

Prólogo

A mi amiga Doreen Colondres le acompaña la suerte desde que la conozco. Ama su trabajo como pocos y se divierte profundamente con lo que hace. A nadie debe extrañar que su conocida labor como divulgadora culinaria resulte tan atractiva para quienes leemos sus escritos o escuchamos sus comentarios. Con *La cocina no muerde*, Doreen anima a romper esas barreras que nos distancian del hábito de cocinar, tradición que parece perderse entre las familias de medio mundo.

Doreen habla de aproximarse a la cocina como una forma de mantener la salud física y mental e insiste en la diversión que representa el redescubrimiento de esos nuevos ingredientes que brindan los mercados, cada vez mejor surtidos de materias primas llegadas de todas partes. Una manera de luchar contra la pérdida de las buenas costumbres. *La cocina no muerde* equivale también a un grito de guerra de su autora que engloba varios mensajes. Entre otros, su convicción personal de que una buena alimentación ayuda a prevenir y contrarrestar la obesidad, la hipertensión y otras dolencias derivadas de la comodidad de las sociedades modernas.

Doreen, viajera incansable, aporta recetas muy atractivas por los ingredientes que intervienen en cada una y por la facilidad para elaborarlas. Enseña a visitar los mercados, a comprar productos frescos, a organizarse frente a los fogones y a hacer fácil lo placentero.

Pero su afán divulgador no se circunscribe al ámbito de su tierra natal, Puerto Rico, sino que llega mucho más lejos. Sus recetas se abren al mundo, muy en especial a países de Europa y Latinoamérica, para interpretar los sabores de cada área geográfica con ese sello tan personal que la caracteriza. Por eso su trabajo constituye un aporte tan interesante.

No es sencillo definir un manual que atesora tantos mensajes. Doreen describe los utensilios de cocina que para ella son fundamentales, desde los grandes a los pequeños, y explica las técnicas más utilizadas de manera sencilla.

No se olvida de rendir homenaje a sus abuelos, quienes le inculcaron su pasión por la cocina cotidiana, y tampoco de hacer reflexiones que tienen mucho que ver con el placer de comer. Nadie puede discutir que este libro es mucho más que una compilación de recetas: resume parte de la filosofía de vida de su autora, algo que no suele ser habitual en los libros de cocina.

José Carlos Capel,
Presidente de Madrid Fusión, miembro de la Real Academia de Gastronomía, autor de más de una docena de libros de cocina, periodista y crítico gastronómico del periódico *El País*, España

El amor de mi vida

Nací en la cocina… Siempre estuvo en mis venas, aunque no pensaba que llegaría a ser mi vida. Mi abuelo paterno, Noel, vivía de la cocina como profesión y su esposa, Ana, era tremenda cocinera. Por el lado de mi mamá, para mi abuela Guelín y mi abuelo Toño la cocina era una terapia, una ceremonia, así que decidí hacer una fusión de los trabajos y pasiones de mis abuelos. Después de hacer muchas otras cosas en mi vida, sentí que algo me faltaba y que, profesionalmente no era feliz. Decidí convertir "mi *hobby*" en trabajo, gracias a la idea de mi gran amigo y respetado fotógrafo Omar Cruz, quien me honra con la foto de la portada. Hoy día siento que mi vida es una eterna vacación, pues amo lo que hago desde que me levanto hasta que me acuesto, porque siempre fue el auténtico amor de mi vida.

Desde pequeña pasaba mucho tiempo con mi abuela Guelín, como le decimos cariñosamente en la familia. Ella ayudó a que me enamorara de la cocina y mis padres fueron sus cómplices. Le pedía a mi mamá una y otra vez que me sacara de la cocina, pues no paraba de jugar con las ollas. Aún recuerdo que me iba al patio a buscar tierra, hierba y flores para sentarme en el piso de la cocina con una olla vacía a jugar a que preparaba algo. En casa siempre había actividad en la cocina y cada alimento era especial, desde el desayuno en donde los huevos eran de las gallinas del patio, el jugo fresco de parcha, acerola, limón o naranja, hasta el queso holandés frito y las tostadas eran toda una experiencia religiosa. Cuando terminábamos de desayunar, Guelín empezaba la preparación del almuerzo y de la cena. Íbamos a comprar al mercado a diario o, si no, a la casa de los amigos de mi abuelo que tenían fincas.

Mis abuelos tenían cilantro, aguacate, parcha, acerola, higos, ajíes dulces, guayaba, pimientos, tomate, culantro, salvia, guanábana, sábila, limones, mango, bananas, en fin, una lista interminable. Mientras mi abuela cocinaba, siempre se tenía que tomar "alguito", un café, una cerveza o hasta en las tardes le pedía a mi abuelo que le bajara un coco de la palma para tomárselo con whisky. La idea era pasarla bien en la cocina; incluso recuerdo veces en que mi abuelo se animaba a tocar la guitarra, el cuatro venezolano o su armónica. Y esta historia te la cuento sin entrar en las celebraciones que hacíamos al enterarnos de que mi abuelo paterno, Noel, nos tenía algún mofongo con chuletas de cerdo en salsa de tomate y vegetales, algún pollo guisado, gandinga o hasta una simple pero memorable sopa de pollo que me hacía mi abuela Ana.

Nunca comíamos *fast food*; mis padres me decían que era caro y poco saludable. Solo comíamos fuera los viernes y algunos sábados o domingos, pero eso sí, tenía que ser en algún lugar donde ellos supieran que la comida era fresca y rica. Mi papá viajaba por toda la isla por su trabajo, así que probaba de todo, se hacía amigo del dueño o del cocinero y luego nos llevaba de aventura a conocerlo en el fin de semana. En ocasiones, hasta alquilábamos vehículos grandes para hacerlo con toda la familia. Recuerdo que una vez fuimos quince personas y desayunamos en un pueblo, almorzamos en otro, cenamos en otro. Cuando caímos en la cuenta, le habíamos dado la vuelta a mi isla Puerto Rico de 110 x 40 millas. Y fíjate si mi familia disfrutaba de la cocina, que cuando nos íbamos de viaje alquilábamos apartamentos para poder cocinar algunas noches durante las vacaciones. Para el resto de las noches programaban con mucha anticipación el restaurante que visitaríamos. En cualquier actividad que se hacía, lo que se comía nunca pasaba a un segundo plano.

Cuando me mudé a Miami me enfrenté a una triste realidad: yo tuve una infancia de lujo, las costumbres de mis amigos eran distintas a lo que yo había vivido de niña y ellos veían con ilusión esa parte de mí. Se convirtieron en fans de mi vida diaria, cenaban en casa con frecuencia, me preguntaban dónde comer, qué vino comprar o qué aceite usar, pues tenían genuino interés por aprender y divertirse como yo.

Estos valores se están perdiendo: la hora de la cena en familia, la comida típica, el sembrar, el ponerle amor y buena vibra a ese acto tan hermoso que es cocinar y comer. ¿Qué nos ha pasado? ¿Por qué perdimos eso? Si mis padres exprimían las naranjas para echarme jugo en el termo de la lonchera de la escuela, acompañado de las sobras de la cena cocinada el día anterior en casa, ¿cómo hay padres hoy que les dan a sus hijos comida congelada, procesada y un "jugo" con 5% de fruta y 95% azúcar y colorantes? ¿En qué momento el ser humano tomó por costumbre que la hora de cenar tenía que ser un "resuelve" rápido y barato, cuando antes cocinar y sentarse a la mesa juntos era una ceremonia? Estas son mis preguntas y preocupaciones; ver que mucha gente no sabe cómo prender el horno, ni comprar en el supermercado, ni equipar bien su cocina, ni seleccionar un aceite o un vino en el mercado y, hablando de cosas aún más simples, la diferencia entre cilantro y perejil, entre un chile dulce y uno picante o entre la cocina mexicana y la tex-mex, que tienen una historia muy diferente.

Ver que hay poca motivación, respeto y conocimiento hacia los alimentos, y que hay una alarmante cantidad de personas sufriendo de diabetes y obesidad, entre otras cosas, me llevó a crear y transmitir esta campaña de *La cocina no muerde*. Lo poco que sé lo quiero compartir contigo para hacerte la vida más fácil, sabrosa y saludable. Mi misión es motivarte a cocinar recetas de nuestros países vecinos, que entiendas que el mercado está repleto de ingredientes de otros países y que nos podemos adueñar de ellos para darle más sabor y variedad a nuestra cocina diaria. Quiero convencerte de comprar cada semana al menos un ingrediente nuevo y de que te la pases bien mientras cocinas y comes más saludable y sabroso.

El secreto es muy simple: la cocina no muerde. Sí se puede comer de todo, pero fresco, con equilibrio, y para ello hay que cocinar más en casa. En este primer libro te regalo los secretos que he descubierto en el camino de la vida por países que amo, que me han inspirado y que me han dado mucho: Estados Unidos, España, México, República Dominicana, mi Puerto Rico, Ecuador, Perú, Argentina, Colombia, Marruecos, Uruguay, Dinamarca, Inglaterra, Rusia, Francia, Jamaica, Bahamas, Grecia y Venezuela, entre otros. Los secretos que aprendí de mis abuelos y que aún viven en el paladar de toda la familia y los conocimientos que me han dado, directa o indirectamente, grandes amigos y cocineros que me han inspirado.

Una vida no basta para conocer la gastronomía del mundo, ni tan siquiera la de las tierras en las que se habla español. Desde que tengo uso de razón, busco probar nuevos sabores y aromas que me llenen de algo tan sencillo como es el placer y la sabiduría para compartir. Cada línea de este libro sale de mi alma, de mi cocina y de mi puño y letra. Lo digo con orgullo aunque peque de algún error porque aún me falta una vida para conocer con profundidad todo lo que te cuento aquí.

Espero que "te comas" cada línea de este diario de mi cocina, y si eres de algún país que no menciono, discúlpame: prometo hacerlo en un próximo libro y visitar pronto los que me falten por saborear.

Gracias por creer en mi cocina.

DOREEN COLONDRES

De la obligación al placer: relájate y disfruta en la cocina

Cocinar es un acto de amor esencial de nuestra vida. Entre fogones nacen momentos mágicos que nos marcan desde pequeños y nos llenan el alma.

La cocina es como un escenario, nosotros somos sus actores y la obra es el plato. Los momentos que se viven en ella y en torno a la mesa juegan un papel importante en nuestras relaciones sentimentales, familiares y profesionales. En una cena reunimos seres queridos, celebramos ocasiones especiales y a veces, sin motivo aparente, surgen momentos tan únicos que terminan siendo memorables.

Y es que disfrutar de una buena cena en buena compañía es una de las cosas más sencillas y gratificantes que hay. Pero, en nuestras ajetreadas vidas, donde las obligaciones del día a día se van comiendo nuestro tiempo y energía, cada vez le damos menos valor a cocinar y a comer bien, quedando solo para ocasiones especiales o para cuando nos sobra tiempo. Es triste pero, poco a poco, hemos ido perdiendo esas tradiciones y ese hábito tan importante.

Para estar bien tenemos que comer bien. Y comer bien o saludable no significa comer de forma aburrida o sin sabor. Es cocinar fresco, con ingredientes naturales, nutritivos, sabrosos y respetándolos siempre. ¿Sabías que lo que comemos está íntimamente relacionado con nuestra salud física, mental y emocional? Nuestra alimentación se refleja en nuestra piel, en nuestro humor y en nuestra energía. Somos lo que comemos, así que cocinemos para vivir bien y hagamos de cada comida un momento único y mágico.

Los que me conocen saben que soy amante del "comer memorable", como siempre lo describo. Si comiste algo y ya no lo recuerdas, es que no era nada especial, pero si al día siguiente aún se te hace la boca agua de solo pensarlo, mueres por repetirlo o después de unos años, aún lo recuerdas, ¡ha sido memorable! En estas páginas me gustaría transmitirte esa pasión y convencerte de que veas la cocina como parte de tu vida y nunca más como una tarea obligatoria. **Hay que recuperar la tradición de cocinar y de revivir los sabores de la comida tradicional**, la de la abuela, la de siempre. Hay que rescatar la costumbre de reunirnos en la mesa. En tus manos y en las mías está el mantener viva la cultura, los valores y las costumbres culinarias. Verás que con un poco de organización y cuidando algunos detalles es posible disfrutar de cada minuto en la cocina.

Después de estos capítulos introductorios, te recibiré con las recetas. Recetas que han sido inspiradas en un ingrediente, una persona, un viaje, un país o en algo bueno que probé y que un día me puso a inventar. En todas te presento un ingrediente o una técnica y te doy ideas para cocinar esa receta de varias maneras para que tengas más opciones. Y ahora, a cambiar tu perspectiva:

Organízate y diviértete en la cocina

Cocinar es mucho más que preparar un platillo. Es amor, es crear, descubrir, probar algo nuevo, tocar, saborear, viajar por los sabores de otros países, compartir, continuar la tradición y proteger una herencia. Por eso, enamórate de la cocina siguiendo mi receta:

- **Ambienta tu cocina** para crear un espacio lindo y cómodo donde te apetezca pasar un buen rato cocinando, aunque sea chica y viejita.

- **Pon tu música preferida,** eso te ayudará a relajar tu mente del trabajo y otras obligaciones y de paso te animará.
- **Relájate y diviértete.** Tómatelo como una terapia. Olvídate del teléfono. Dedica ese tiempo a ti o si lo compartes con amigos, familia o pareja, disfrútalo y transmíteles la misma pasión.
- **Sírvete una bebida** que te guste mucho y tómala mientras cocinas. Un cafecito, una limonada, horchata, un agua fresca, un vinito; lo que más te guste.
- **Organízate bien.** Antes de empezar, coloca en la misma zona todo lo que necesitas y verás qué fácil se te hace todo.
- **Cocina con amor.** No importa lo que cocines o para quién cocines, hazlo con amor, dale un toque único y trata los ingredientes con cariño. Te juro que eso se nota en el plato.

- Si combinas tu mejor ropa y accesorios para ir a un restaurante, de vez en cuando haz lo mismo en tu casa. **Crea veladas románticas y especiales** con amigos y familia pero sin salir de casa.
- **Come lo necesario y disfruta cada bocado.** Come fresco, balanceado y no te excedas en las porciones. No importa si comes algo frito muy de vez en cuando o una receta con tocineta, solo cuenta tus pecados. No hay que limitarse, solo ser consciente y que el ejercicio nunca falte.

- **¡Atrévete a cocinar con un nuevo ingrediente!** En el mercado, compra eso que ignoras y que no compras porque no sabes cocinarlo. Llévate a casa un ingrediente nuevo cada vez y poco a poco irás descubriendo una gran variedad de alimentos, ampliarás tu repertorio de platillos y nadie se aburrirá en la casa.

Hay que entender primero para saber comprar

Orgánico, convencional, sostenible, *GMO free*, natural, *wild, farmed, heirloom...* Es fácil volverse loco en el supermercado por no entender la diferencia entre estas palabras que confunden en etiquetas, sellos y carteles publicitarios. Pero aquí te ayudaré a despejar las dudas que puedas tener.

Los ingredientes **convencionales** son los que generalmente se producen usando pesticidas, plaguicidas sintéticos, fertilizantes o que provienen de cultivos y semillas genéticamente modificados con hormonas de crecimiento, antibióticos y alimentación no orgánica. Todo con el propósito de incrementar las ganancias y el rendimiento. Lo malo es que nosotros terminamos ingiriendo todo eso. Hay ingredientes convencionales que sí protegen nuestras vidas, pero en esos casos la etiqueta lo indica, por eso hay que leer y leer y leer. Del lado opuesto están los **orgánicos**: alimentos producidos con métodos que promueven los ecosistemas, el agua y los suelos y prohíben el uso de semillas y cultivos genéticamente modificados y de pesticidas, herbicidas, fungicidas, antibióticos y otros aditivos sintéticos nocivos para nuestra salud. Para darte un ejemplo, si hablamos de productos animales, son orgánicos los que proceden de granjas con un medio ambiente sano, con acceso continuo al aire libre, pastos orgánicos, alimentación 100% orgánica libre de antibióticos y hormonas de crecimiento y donde reciben un buen trato. En otras palabras, como lo hacían nuestros bisabuelos y abuelos en su patio o en el campo.

El resultado de la agricultura y ganadería orgánicas son alimentos sanos y con todo su sabor original, tal cual los saboreaba de pequeña. Hay países en los que aún se cultiva bastante orgánico aunque no exista regulación. Pero en Estados Unidos, por ejemplo, donde sí existe mucha producción "no orgánica", el gobierno controla y regula los productos orgánicos para que cumplan todas las normas y los certifica con el sello *Certified Organic* del USDA.

Comprar algo con este sello se nota en el precio, ya que el productor debe cumplir una serie de condiciones que conllevan gastos, los cuales aumentan el precio final que pagamos nosotros. **Como todo tiene su truco, aquí te comparto algunas ideas para ahorrar a la hora de comprar orgánico.**

- Los alimentos de piel fina absorben más sustancias perjudiciales para nuestro cuerpo. Y no basta con lavarlos o pelarlos. Hortalizas, frutas y vegetales de piel fina piden a gritos que los consumas orgánicos.
- Te ayudará a ahorrar saber que hay alimentos de mercados locales, granjas o directos del agricultor que son muchas veces orgánicos sin estar certificados, pues el productor es muy pequeño como para incurrir en los gastos que conlleva la certificación. Encuéntralos y aprovéchalos.
- Hay grandes cadenas de supermercados que tienen sus propias marcas de productos libres de antibióticos y pesticidas sin que estén certificados. Esa es una buena opción que generalmente es más barata, pero recuerda que tienes que leer bien las etiquetas.

El término "**natural**" merece leerse con cuidado. Hay muchas empresas que usan esta palabra en sus mensajes de mercadeo para confundirnos, sobre todo en jugos, salsas, sopas, caldos y comida procesada.

Los términos "**de granja**" o "**silvestre**" se refieren a todo aquello criado al natural, en libertad. Por ejemplo, un pescado que viene del mar y no de una piscifactoría, donde muchas veces usan hormonas; una vaca que ha vivido en libertad o una gallina que ha vivido en el campo (como las que tenía yo de chica en casa, que daban huevos con yema de color rojo) en lugar de criarse en cuartos oscuros donde las inyectan para que crezcan rápido, y que dan huevos sin sabor con yemas de un amarillo muy pálido. Cuando esto último sucede, la etiqueta dice *farmed* o no dice nada, y son muy económicos.

En el caso del mar, no todo lo *farmed* es malo. Cuando se hace responsablemente, la acuicultura puede ofrecernos pescados y mariscos seguros y de calidad. Si además de *farmed* es orgánico, tendrás más tranquilidad. Confía en almejas, ostras y mejillones, ya que no necesitan alimento artificial y crecen en agua de mar. Pero pon gran atención al salmón, que es uno de los más manipulados por el ser humano, y búscalo siempre *wild*. En pescados, y la mayoría de los crustáceos, *wild* –silvestre– será lo mejor. Elige lo más fresco, de temporada, si es posible de tu zona, y compra directo de pescadores, de tiendas que compran directamente de pescadores o marcas que favorezcan la conservación de nuestros océanos. Y guíate de la misma forma a la hora de comprar una conserva de mariscos.

Sostenible es lo mismo que decir responsable. El consumo responsable es el que promueve la conservación y el desarrollo de tu ciudad o país y su medio ambiente. Si deseas consumir de manera sostenible, tienes que apoyar los productos locales y que protegen el entorno. Lo ideal es que sostenible y orgánico vayan de la mano, pero siendo consciente a la hora de decidir. Bien me lo hizo ver un día el chef Andoni Aduriz del restaurante Mugaritz en España: si nos vamos a los extremos de la sostenibilidad no podríamos comer chocolate en Estados Unidos ni tomar café en España. Así que un poco de equilibrio es siempre necesario.

Los **transgénicos** o *GMO* (*Genetically Modified Organisms*) son las plantas o animales modificados genéticamente con el fin de hacerlos resistentes a enfermedades, plagas, químicos y condiciones ambientales adversas para que crezcan más rápido y para que tengan una vida comercial más larga.

En más de sesenta países, incluyendo Australia, Japón y la Unión Europea, no se consideran seguros, están etiquetados o existen restricciones y prohibiciones a su comercialización. Sin embargo, en Estados Unidos aún luchamos para que el gobierno ponga restricciones o al menos los etiquete adecuadamente. Lo triste es que no es fácil evitarlos ya que se encuentran en casi el 80% de los alimentos convencionales, así que hay que ser cuidadoso siempre que se pueda:

- Consume productos orgánicos certificados que, por ley, no pueden contener transgénicos, al menos los de más riesgo como el maíz, la soya, la papa, el tomate, la calabaza, la banana y la espinaca, entre otros.
- Compra de pequeños agricultores locales ya que, la mayoría de las veces, producen alimentos orgánicos aunque no estén certificados. Apoya los *farmers market* de tu zona.

- Evita alimentos fuera de su temporada o importados de países lejanos, como por ejemplo ajo o chiles de China.
- Elige pescados y mariscos capturados en su naturaleza, asegúrate de que su etiqueta indique *wild* o que se producen en piscifactorías seguras.
- Busca en el empaque el sello que diga *Non-GMO*. Pero no te confundas, este sello no indica que sea orgánico, solo indica que es libre de modificaciones genéticas.

Los ingredientes **heirloom** o ancestrales me maravillan. Las frutas o verduras de esta variedad son las "razas originales", las semillas antiguas que han llegado hasta hoy sin modificaciones genéticas, preservadas por familias de generación en generación. Son sabrosos y nutritivos, como los comían nuestros abuelos décadas atrás. Están protegidos y para que sean catalogados como *heirloom* deben ser de cultivo no masivo, es decir, siempre a pequeña escala. Además, deben ser anteriores a 1951, año en el que se comercializaron las primeras variedades genéticamente modificadas, esas que dan frutas y verduras todas igualitas, con poco sabor y de escala industrial. Recuerdo que de chica nunca había dos tomates iguales pues nacían todos diferentes, tal cual se le antojaba a la madre naturaleza. Después, la mano del ser humano empezó a "alterar la raza" y esos tomates, por ejemplo, se convirtieron en lo que son hoy: todos iguales y sin sabor, producto de la manipulación por conveniencia económica. Así que cuando encuentres algo de variedad *heirloom*, sean zanahorias, coliflor o cualquier otro, sabes que tienes en tu mano sabor con más de 60 años de antigüedad.

Recuerda esto y no lo olvides nunca: para alimentarnos bien no hace falta irse a los extremos ni gastar mucho dinero. Solo usa tu buen juicio, compra de forma consciente, intenta sembrar en tu casa al menos algunas hierbas y vegetales y consume alimentos lo menos alterados y lo más frescos posible. Por sabor y salud, el planeta, tu familia y tu paladar te lo agradecerán.

Organízate y disfruta sin morir en el intento

El acto de cocinar empieza en el supermercado, y parte de tu éxito depende del inventario que tengas en casa. Desde hoy, la falta de tiempo para cocinar no será una excusa. El secreto es simple: organizarse y hacer compras correctas para tener un buen inventario siempre. Y los beneficios: comer todos los días rico y variado, mientras ahorras dinero y tiempo y ganas en salud. Un poco de organización ¡y a disfrutar!

- *Organiza tu alacena*. Limpia y reordena con frecuencia para saber qué tienes y qué te falta, lo que se ha pasado de fecha o está por caducarse. Por ejemplo, las hierbas secas duran entre 6 meses y un año, los aceites tienen fecha de expiración y uno de oliva extra virgen expira entre 12-15 meses después comprarlo. Usar un producto caducado será suficiente para arruinar una receta o tener un accidente, como lo viví con una amiga que usó un aceite de freír tan antiguo que casi se prende fuego su cocina. Revisa al menos cada 3 meses toda tu alacena.
- Un día a la semana siéntate con tu familia, tu pareja o tú solito a *diseñar un menú diario*. Incluye ingredientes de temporada y algún ingrediente nuevo para salir de la rutina. Ahorrarás tiempo y no te aburrirás de comer siempre lo mismo.
- Con el menú listo, haz la *lista de la compra*. Recuerda ir sin hambre al mercado para no comprar por impulso, seducido por el antojo del momento.
- Si vas al mercado y no encuentras algo, *pregunta*. Te sorprenderás de la cantidad de cosas que el gerente podrá ordenar para ti.

- *Pon orden*. Acomoda tu cocina para tener espacio para trabajar y sentirte cómodo en ella. Organiza todo antes de empezar: ingredientes, utensilios y hasta la basura cerca. Prepárate como si fueras a cocinar en TV... ¡ja, ja!
- Y llegados a este punto, la clave es simple: *cocina un día para comer muchos*. Cocinar "en cadena" te ahorrará mucho tiempo. Los domingos, por ejemplo, adelanta preparación, salsas, corta ingredientes que duren cortados unos días, sazona las proteínas y hasta cocina platos con los que puedas reinventar en la semana.
- Prepara platos que estén *listos para meterlos al horno*. Cuando llegues a casa, sácalo de la nevera para que pierda frío y enciende el horno. Mientras te cambias, el horno estará listo para recibir la bandeja.

Atrévete a inventar con chiles de otros países, otros tipos de frijoles, el cuscús, las especias como el curry, el comino, el coriandro, el azafrán, el achiote, el pimentón dulce y ten siempre buena variedad de aceites, frutos y hierbas secas que siempre sacan de apuro.

Y, de paso, por si te lo preguntas, uso siempre sal kosher y pimienta en grano que muelo al momento en un pimentero. Y como endulzante, el azúcar de caña orgánica, pues es menos procesada que la blanca y endulza con menos cantidad. Y vainilla fresca, aunque cuando el presupuesto no alcanza, bendito Dios que existe la líquida. Pero la que viene pura, sin sirope ni ingredientes artificiales.

Tus aliados en la cocina

Quiero mostrarte las chulerías que tengo en la cocina, que son la envidia de todo el que me ve usarlas y que tanto me facilitan el trabajo. Las que te presento son las que una y otra vez pongo en una maleta cuando voy a cocinar a casa de alguien y por las que siempre me preguntan: "Oye, Doreen, ¿dónde compro aquel utensilio que trajiste a casa?". Inspirada en esos aliados que viajan conmigo de cocina en cocina, aquí están mis asistentes:

El picador

Debe ser ligero, grande, cómodo y seguro. Lo ideal es tener uno para proteínas y otro para vegetales o, si te gusta compartir tareas, tener tres. Es el foco más peligroso de contaminación cruzada de alimentos. Límpialo con agua y jabón antes y después de cortar cada ingrediente. Cómpralo de un material no poroso, que no absorba olores ni manchas, resistente a ralladuras, si es posible, al calor y recuerda cambiarlo periódicamente. Puede ser de madera, pero asegúrate de que tenga un sello de protección de una organización sanitaria. Siempre que lo uses coloca doble hoja de papel toalla húmedo debajo de él, para que se fije a tu mesa y no "baile" mientras cortas.

Un buen cuchillo

Nada más placentero que un buen cuchillo. Olvídate de esos juegos de cuchillos que sólo sirven para decorar. Es hora de tener dos buenos aliados: un *chef knife* o cuchillo de chef de 8" y otro para cortar ingredientes más pequeños conocido como *paring knife* o cuchillo de pelar de 3". Elige uno hecho de una sola pieza de acero inoxidable, resistente al moho, la corrosión y las manchas, de un peso cómodo para tu mano, que te permita maniobrar fácilmente y no te cause accidentes. Dos buenos te costarán entre 70 y 150 dólares, pero si los cuidas, serán tus compañeros de batalla por muchos años.

Unas buenas sartenes resistentes al calor

Pueden ser de hierro, acero inoxidable o titanio, de buena calidad y que aguanten temperaturas entre 400–500 °F (204–260 °C). Lo más importante es que transfieran bien el calor, de ahí las diferencias en precio de algo tan común. Todo mi juego de ollas es de acero inoxidable, resistente al calor, con garantía de por vida, y las puedo usar en estufa eléctrica, de inducción, de gas y en el horno. Suena caro pero 10 o 20 años después verás que fue la mejor inversión de tu vida.

La licuadora

Una buena licuadora te resuelve tanto en la cocina que no hará falta un procesador. Por 100 dólares hay licuadoras hermosas, de 5 o 10 velocidades, vaso de plástico resistente al calor y fáciles de lavar, sin tener que desmontar su cuchilla como las antiguas. Esa es mi favorita. La tecnología mejora rápidamente, así que si tu licuadora tiene ya unos añitos más que tu perro o gato o la heredaste de tu mamá, es hora de cambiarla.

Una batidora de mano

¿Si te cuento algo no se lo dices a nadie? Con esta maravilla de 40 dólares se rehicieron en el estudio de fotografía casi todas las recetas de este libro. En el mundo de la cocina profesional la llamamos "batidora de inmersión", y en mi opinión es el mejor aliado. No

ocupa mucho espacio, es liviana, fácil de manejar y de limpiar. Con ella, lo mismo haces una salsa, un puré, una sopa, una mayonesa, un alioli, un *mousse* o un batido, en un vaso o sumergiéndola directamente en la olla.

Una mezcladora, de mesa o de mano

Esas bellas mezcladoras de mesa con las que todos soñamos son para quienes aman hacer masas de panes, pastas, helados y otros postres con mucha frecuencia. Si este no es tu caso o tu bolsillo no te lo permite, no te preocupes, casi todo lo que se hace en ella lo puedes lograr con una mezcladora de mano que cuesta una cuarta parte del precio y nos saca de apuros. Y, si no, hacer masas siempre es tremendo ejercicio.

Un pilón de madera

En casi todos los países de habla hispana existe alguna versión pequeña. Pero en Puerto Rico y República Dominicana le llamamos pilón, y la fama de los artesanos que hacen estas piezas nos lleva a tenerlos como una obra de arte en la cocina. En el pilón es donde se prepara el

Fotografía: Héctor Torres

famoso mofongo; mide entre 8" y 12" (20 a 30 cm) de alto y surge del pilón de suelo que heredamos de nuestros antepasados africanos, que mide 2 pies (60 cm) o más.

Un molcajete

Es la bandera de México en cualquier cocina. Un mortero de piedra con tres pies que se usa para moler especias, chiles, hierbas y hacer salsas. Antes de que existiera la licuadora, todo se hacía en molcajetes. Se usan desde la época prehispánica, y los auténticos son de roca volcánica, de ahí su color gris oscuro. En mi cocina lo uso para machacar o para llevar un guacamole a la mesa. Asegúrate de que esté curado, para que no suelte piedra ni absorba lo que preparas en él.

Una tostonera o pataconera

Confieso que mi abuela usaba una lata grande y papel de bolsa. La tostonera está hecha con dos tablas de madera unidas por una o dos bisagras que, al presionarlas entre sí, aplastan el plátano, la banana verde o el panapén. Así logras el tostón o patacón, como le dicen en Colombia. Pero como en Colombia el patacón se hace con medio plátano, su pataconera es rectangular. Son buenas aliadas, pero la "técnica" de mi abuela no falla.

Una pequeña mandolina

Esta joya me costó 25 dólares y las horas que me quita de trabajo no tienen precio. Muchos le tienen miedo y piensan que no la necesitan hasta que ven cómo se usa. Con ella puedes cortar rebanadas de cualquier vegetal, verdura o fruta. La que tengo es de cuchilla de cerámica, y con ella corto jícama para usar como tortilla de tacos, cebollas, papas, lindos cortes de zanahoria y hasta hago *carpaccio* de remolacha (betabel).

Cucharas, espátulas y pinzas resistentes al calor

Si quieres proteger las ollas y sartenes, una cuchara de silicona, madera o goma resistente al calor será una de tus mejores aliadas y no tendrás que remplazarla en mucho tiempo. No importará que la dejes descansando sobre la sartén, te aseguro que va a estar entera cuando regreses. La mía es de 10 dólares y aguanta hasta 500 °F (260 °C).

Un buen pelador

Parece algo sencillo pero no lo es. Asegúrate de que el filo sea doble, para poder pelar igual hacia arriba que hacia abajo, y de que tenga un mango ancho que sea más fácil de controlar y seguro. Lávalo y sécalo bien después de cada uso para que no agarre moho y te dure muchos años.

Un rallador fino *microplane*

Seguro tienes un rallador multiusos con dos o tres caras para hacer diferentes cortes. Pero este merece comprarse: es fino y alargado, para rallar ajo, nuez moscada, jengibre, quesos, chocolate y piel de cítricos, que es con lo que más lo usarás en mis recetas. Su misión es rallar con sutileza ingredientes duros o delicados. Lo importante es que sea de acero inoxidable, con buen mango y cómodo para ti.

Un cortador de galletas

Con algo tan simple harás maravillas en tu cocina. Son pequeños moldes de acero inoxidable de diferentes formas. Un juego de varios tamaños con forma circular o cuadrada te será suficiente para cortar la masa de unas galletas, la jícama de la página 66, para montar un bonito tartar, para que la receta de la Serenata de bacalao de la página 134 te quede igual que en la foto o para darle linda forma al Guacamole con mango, cangrejo y camarón de la página 54.

Un termómetro digital

Hay una gran variedad. El más común hay que graduarlo continuamente, y ni tú ni yo queremos pasar por eso. Compra uno digital, que el mismo día podamos prender, usar, limpiar y guardar. Esta maravilla cuesta entre 12 y 15 dólares y será tu secreto para comer todo en su punto, jugoso, nunca seco ni demasiado cocinado.

Una freidora

La gran ventaja es que no te llena la casa de humo, es más segura, permite escurrir los alimentos antes de pasarlos al plato y calienta a la temperatura correcta sin desastres. Aunque usa una cantidad mayor de aceite, el alimento absorbe menos grasa. Yo, aunque cuido mucho la dieta y limito el consumo de fritos, tengo una y la amo.

Espero que todo lo que te falte de esta lista lo incluyas en tu próxima lista de regalos "de mí para mí", como decía mi abuela. La Thermomix, el procesador, el pasa puré, el chino y el sifón, entre otros, son chulerías para jugar a ser más "pro" en la cocina. Estos te los dejo para otro día de clase.

Todo será más fácil si entiendes esto

Hay muchas formas de cocinar un mismo ingrediente. Cada estilo requiere simplemente conocer sus secretos y un poco de práctica. Cuando los entiendas, tu vida en la cocina será más fácil, más sabrosa, comerás más sano y entenderás mejor una receta. En las escuelas de cocina te hacen estudiar cada una de estas técnicas por varios meses, pero la realidad es que nuestras abuelas no fueron a ninguna escuela de cocina ¡y se las saben todas! Así que te aseguro que eres capaz de hacerlas.

Guisar

Guisar es preparar la proteína en una salsa con todos los ingredientes para que se cocinen a la vez y así los sabores y aromas se concentren. La proteína hay que sofreírla unos minutos a temperatura alta para dorarla y sellarla, y si quieres que te quede con una salsa espesa que te lleve a la gloria, pasa ligeramente la proteína por harina multiusos antes de sofreírla. Luego la retiras, preparas el sofrito que terminará siendo la salsa, incorpora otra vez la proteína y añades caldo y/o vino, hierbas, especias y el resto lo hace la olla. Déjalo tapado, a temperatura media-baja y ponle amor y paciencia, pues necesita de 40 minutos a varias horas, dependiendo de lo que prepares. Si usas olla a presión la espera se reduce a 30 minutos.

Estofar

Estofar o *braise* es similar a guisar. Aquí hay que sellar bien la carne a alta temperatura y luego terminar de cocinarla varias horas a baja temperatura en la misma olla tapada o en el horno tapado. Añades vegetales, tubérculos, hierbas, un poco de líquido (menos que en el guiso), que puede ser caldo o vino, amor y mucha más paciencia que en el guiso, pues tarda de 2 a 6 horas. El tamaño de la carne que usas para estofar es más grande que el de guisar, y lo que quieres es que quede tan tierna que se deshilache sola. Por eso, unas costillas de res como las de la página 156 o un jarrete de ternera o cordero son perfectas para estofar. Siempre te quedará una pequeña cantidad de líquido para servir encima de la carne.

Para esta técnica existen esas ollas pesadas y bellas de cerámica que son una divinidad, porque la misma olla en que sellas puedes llevarla al horno o cocinar en la estufa y listo. Pero si el presupuesto no da, un molde de hornear profundo bien tapado con papel de aluminio funcionará perfecto.

A la plancha o a la sartén

Esta es una de las formas más saludables, fáciles y rápidas de cocinar proteínas y vegetales. La sartén puede ser de hierro, aluminio con teflón o cerámica, pero que transfiera bien el calor. La clave es que esté muy caliente, y lo sabrás por el ruido que hace al entrar en contacto con lo que agregues: ¡*sssshhhh*! No te desesperes, deja que se cocine a la mitad o una tercera parte por el primer lado, para que no se te pegue ni se rompa al voltearlo. Y si lo que cocinas tiene piel, ponlo del lado de la piel primero hasta que esté bien crujiente.

A la parrilla

Sea parrilla de carbón, leña o eléctrica, asegúrate de que esté bien limpia y a una temperatura muy alta antes de empezar. Ten todo cerca: una buenas pinzas y hasta algo

de tomar para relajarte. Sazona la proteína con un marinado o con sal gruesa y pimienta. Lo importante es que no esté muy fría ni húmeda, sécala bien con papel toalla antes de llevar al calor. Si quieres una sensación de, como diría mi padre "quemadito por fuera, jugosito por dentro", necesitas mucha temperatura. Deja que se cocine primero en su mayoría por el primer lado, luego volteas y, cuando esté lista, déjala descansar para conservar sus jugos; no la aplastes, ni le hagas punzadas, y unos 10 minutos después ¡a la boca! Si no tienes *BBQ* (parrillera), compra una sartén de hierro con líneas o una parrilla eléctrica, pero asegúrate de que alcance los 480–500 °F.

Freír

Aunque hay que limitar esta técnica a los días de vacaciones, no hay nada como disfrutar de una textura crujiente en su máxima expresión sin sentir que

ha pasado por una piscina de aceite. Utiliza siempre un aceite limpio. Sí, se puede freír en aceite de oliva, pregúntale a un español o a mi abuela. El problema es que si usas un aceite barato u oxidado, te dañará lo que estás cocinando. Tu otra gran opción es un aceite de girasol o de canola, que no aporta ningún sabor. La receta es mucho aceite que cubra todo lo que fríes, temperatura alta y si es posible una freidora; de eso te hablo en "Tus aliados en la cocina". No pinches para voltear, usa una espátula; y al retirar lo que fríes, escurre en papel toalla y no los pongas uno encima del otro. Si fríes bien, no sentirás grasa en lo que comes.

Saltear

Podemos saltear prácticamente cualquier ingrediente. Lo ideal es usar un *wok*, una sartén con forma de tazón que usan en restaurantes chinos. Su diseño hace que el calor se concentre en el fondo y las paredes se mantengan más frías, creando así diferentes "zonas" de calor. Si no tienes uno, usa una sartén de teflón profundo que transfiera bien el calor. Elige ingredientes de varios colores y texturas. Agrega primero un poco de aceite de semilla de sésamo tostado (mi favorito), maní o girasol. Corta todos los ingredientes en dados o tiras finas para que se cocinen rápido. Comienza por la proteína, luego lo que aporta sabor y aroma como el jengibre, el ajo y los chiles, luego la proteína, los vegetales, el arroz o la pasta cocida, dependiendo de la receta; por último, las hierbas frescas como el cilantro, el perejil, la albahaca o el cebollino. Prepara todo antes, mantén el wok a temperatura muy alta y revuelve constantemente. Justo lo que tienes que hacer para la receta del Chaufa de quinoa con camarones de la página 146.

Asar

Es una de las maneras más saludables de cocinar: calor intenso directo del horno y listo. Precalienta el horno antes y vigila la temperatura con el termómetro de la página 20, sobre todo cuando son piezas grandes. Retira la proteína con 10 grados menos de la temperatura que necesita, porque si lo sacas en su punto, la "temperatura interna" hará que se siga cocinando y se pase. Déjala siempre descansar de 10 a 15 minutos antes de servir; en ese tiempo la cocción se completa, los jugos internos se redistribuyen bien y se conservan para explotar de sabor en tu boca.

Hornear

Es lo mismo que asar pero, generalmente, el término hornear se usa cuando cocinamos en el horno recetas como panes, dulces, *pizzas*, tortas, bizcochos y todo lo que necesita de un molde. Es muy importante que cuando pongamos la elaboración en el horno, este ya esté a la temperatura necesaria para hornear.

Gratinar

Consiste en llevar al horno un plato que tiene queso en la parte de arriba. Se pone a alta temperatura cerca de las rejillas de calor para que la superficie tome un color dorado y el queso se derrita perfectamente. No niego que una vez al año pase por mi boca algún gratinado, pero no abuses con quesos y cremas, que no hay ejercicio que los queme.

Al vapor

Aquí necesitas una olla con agua hirviendo y algo para sostener los alimentos tapados encima del vapor que desprende el agua. Lo mejor es usar una "vaporera" o cesta de bambú. Si usas la cesta para cocinar algo como las empanadillas chinas de la página 65, coloca una hoja de lechuga o plátano debajo, para que no se pegue. ¡Es el método más sano de todos! Aquí los alimentos conservan todos sus nutrientes y vitaminas, que muchas veces se pierden al hervirlos. En 5 minutos puedes cocinarte un filete de pescado con vegetales. Pero córtalos del mismo tamaño para que estén listos a la vez. Aromatiza el agua con hierbas frescas, laurel, ajo o especias para que cuando empiece a burbujear, tu comida se impregne con su aroma.

Hervir

El agua tiene que estar hirviendo cuando eches la sal y lo que vayas a cocinar. No hace falta aceite al hervir pasta; solo después de hervida en caso de que hagas una ensalada como la de la página 111 o de que la tengas que dejar un rato esperando mientras terminas la salsa. No descartes el agua en la que hierves la pasta, pues te sirve para espesar la salsa de la pasta o para un majado de lo que herviste, sea papa, malanga, yuca o plátano.

Baño María

Se trata de poner el recipiente o bandeja de hornear con lo que cocinas dentro de otro más grande y con agua suficiente como para cubrir ½ a ¾ partes de la altura del molde más pequeño. Si tienes una flanera como las que usan en España y Venezuela, podrás hacerlo en la estufa, poniendo la flanera bien sellada en una olla con agua hirviendo. Para tu seguridad y comodidad, evita usar moldes de cristal o cerámica. Y cuidado, que a la receta no le caiga ni pizca de agua para que no se dañe.

Recetas

Un recorrido por nuestras tierras...

Pan sobao, un pecado que mereces cometer

Merece la pena el tiempo; para compartir en familia

Mientras hacíamos la producción de las fotos para el libro en la ciudad de Buenos Aires, nos dimos cuenta de que no teníamos molletes, ese rico pan con el que se desayuna en España o se empieza la mañana en Jalisco y que te comparto en la página 96. Así que tuvimos que hacer pan. La primera tanda que hicimos, aunque menos dulces que estos, me trajo a la memoria el pan sobao de mi país, similar a una versión que también he probado en España y en la isla de Bimini, en las Bahamas, otra tierra que fue testigo de muchas líneas de este libro. En fin, se me antojó agregar un poco de azúcar y leche en polvo a la receta y aquí tienes un trocito de mi vida, mi antojito y mi Borinquen querida en este dulce pan que quizás te haga recordar otros momentos de tu vida. Y lo mejor y más probable es que finalmente te convenzas de que la cocina no muerde.

LO QUE NECESITAS:

3   tazas de harina de pan
2   cucharadas de mantequilla en barra con sal
1   taza de agua a temperatura ambiente
¼   de leche a temperatura ambiente
2   cucharadas de leche en polvo
2   cucharaditas de sal
¼   de taza de azúcar
1   sobre de levadura instantánea (¼ oz)

LO QUE TIENES QUE HACER:

1. Precalienta el horno a 375 °F.

2. En el tazón de la mezcladora eléctrica agrega la harina, la levadura y mezcla bien en velocidad mínima por unos segundos.

3. Luego agrega la leche en polvo, el azúcar y la sal.

4. Aumenta a velocidad media y poco a poco agrega el agua, la leche y la mantequilla. Mezcla por 8-10 minutos sin parar para conseguir una masa uniforme y que no se pegue a los lados ni a tus dedos.

5. Retira el tazón de la máquina, cubre con una toalla limpia y deja reposar 2 horas hasta que crezca al doble de su tamaño, dependiendo del clima de tu cocina.

6. Retira la masa, colócala en una mesa con un poco de harina en el tope para que no se pegue y divide entre 2 a 6 porciones.

7. Colócalas en una bandeja de hornear encerada con suficiente espacio entre los panes, cubre y deja reposar nuevamente por 30 minutos para que crezcan un poco más.

8. Destápalos y con cuidado ponlos ligeramente pegados entre ellos.

9. Mete la bandeja en el horno en el segundo o tercer nivel de abajo hacia arriba y hornea por 15-20 minutos.

10. Una vez listos, espera a que pierdan el calor para devorarlos. Te sugiero que no pierdas el control y te los comas con moderación. Disfrútalos a cualquier hora.

¿Quién no muere por un buen pan acabado de salir del horno? Hacer pan puede ser terapéutico pero también intimidante. En el pasado no existían las bellas mezcladoras de tope que hoy nos simplifican la vida, así que si no tienes una, no te preocupes, anímate a hacerlo como antes y ejercita los brazos. Encontrarás lo que necesitas en cualquier supermercado, incluso la levadura instantánea en sobres muy pequeños, como si fuera sazón, y está en la sección de harinas. La harina, cómprala de la mejor calidad y que diga harina "000", panificable o *bread flour* como se conoce en inglés. No tienes excusa para no ser panadero aunque sea por un día. Así que a perder miedos y graduarte con este pan que enamorará a todo el que lo pruebe. Asegúrate de sacar tiempo para el ejercicio al día siguiente, en caso de que el pecado sea muy grande.

Mi batido de banana y avena

5 minutos; 1 persona

Este es uno de esos batidos que puedes hacer con mango, fresa o papaya o hacer la combinación que más te apetezca como mango y banana; o banana, leche de coco y piña fresca que queda muy rica también. Yo prefiero consumirla de desayuno, después de hacer mi rutina de ejercicios o de merienda a media mañana o de media tarde pero siempre temprano. Recuerda que no es muy bueno consumir mucha fruta tarde en el día o en la noche. La idea es no agregar azúcar y aprovechar el azúcar natural de las frutas, como por ejemplo utilizar la banana para endulzar un batido de aguacate. Para mi sobrinito Óscar Gabriel, la banana no puede faltar en purés, natillas y batidos.

LO QUE NECESITAS:

1   banana grande, madura
¾   de taza de agua
¼   de taza de avena
1   porción o cucharada de proteína de vainilla, en polvo
½   taza de hielo
Pizca de vainilla o canela al gusto

LO QUE TIENES QUE HACER:

1. Mezcla todos los ingredientes en la licuadora por 30–60 segundos.
2. Sirve y disfruta inmediatamente.

La avena está cargadísima de fibra, es baja en calorías, baja en grasa, alta en proteína, nos detiene el hambre, reduce el riesgo de diabetes, ayuda a bajar el colesterol malo, es buena para el corazón, sabe bien y no tiene gluten, entre otros beneficios. La como en la mañana, hervida por unos minutos en leche, azúcar, canela y vainilla como nos hacen las abuelas boricuas, también la añado en batidos, cereales, en la mezcla de los *pancakes* y hasta en la masa de pan, hamburguesas y albóndigas. Dura mucho en la alacena así que siempre la podemos tener cerca para agregarla en una que otra receta.

Batido de papaya (lechosa) de mi madre

5 minutos; 2 porciones

En mi casa nunca ha faltado este batido; mi madre lo ama por su sabor e increíbles propiedades digestivas. Tienes muchas opciones para hacer tu batido favorito. Si te decides por preparar la leche de anacardos, pon en remojo una taza de ellos en 3-4 tazas de agua por 4 horas. Luego retiras el agua y llevas los anacardos a la licuadora con 2 tazas de agua nueva. Después añade otras 2 tazas de agua y una pizca de vainilla o canela. Yo la tomo así, pero si quieres endulzarla, échale un poco de miel, miel de agave, azúcar de caña o un dátil sin semilla. Lleva a la nevera a enfriar y prepárate para una nueva experiencia que tu cuerpo te agradecerá.

LO QUE NECESITAS:

3   tazas de papaya, pelada, sin semillas (1 lb)
1   taza de leche de almendras o anacardos
     endulzada y con sabor a vainilla
1   taza de hielo
Pizca de canela en polvo

LO QUE TIENES QUE HACER:

1. Lleva a la licuadora todos los ingredientes y mezcla bien. Yo prefiero los batidos más espesos, pero si te gustan más líquidos, agrega media taza más de agua o leche.

2. Sirve inmediatamente y decora con más canela y/o menta.

3. Si lo haces con leche de vaca, agua o leche de almendra sin sabor, agrega una pizca de miel, miel de agave o azúcar de caña y una cucharadita de vainilla.

4. La vainilla y la canela son las que le dan el encanto. El dulzor también lo puedes sustituir por una banana madura (guineo).

Si tienes intolerancia a la lactosa, eres vegetariano o no muy amante de la leche de vaca, hoy en día tienes más opciones a la hora de hacer un batido. Algunas alternativas son la leche de cabra, de coco, de almendra, soya, arroz, avena y anacardos, entre otras. Las más comunes son la de soya y la de almendras, y las puedes encontrar endulzadas, con sabor y hasta *light*. Todas tienen valores nutricionales diferentes; la de almendras es rica en proteína, magnesio, vitamina E y más baja en azúcar que la de arroz o soya. Mientras que la de anacardos es rica en proteínas, sin colesterol, ni lactosa, con menos grasa que la de almendras, y con más grasas buenas para nosotros, incluso más cremosa y sabrosa. Si te animas, hacerlas en casa es muy fácil y siempre el batido te quedará más rico.

Pancakes de calabaza y miel de agave

25 minutos; 4 porciones aproximadamente

Estos pancakes son simplemente adictivos. Buscarás excusa para comerlos de cena o postre pero son el perfecto desayuno para sorprender en la cama. Los puedes hacer más finos como si fueran crepas o mucho más pequeños y gruesos como si fueran blinis. Como quedan dulces y repletos de sabor, añade sólo un poco de miel o sirope de Maple, nunca sirope artificial. Puedes usar calabaza (auyama) dulce o calabaza regular o de verano. La calabaza de invierno es mucho más suave, delicada y dulce mientras que la de color naranja intenso, que es la más común, aportará más sabor. Otra versión bien fácil y saludable, es procesar la mezcla con dos bananas maduras y ¼ de taza de avena en polvo.

LO QUE NECESITAS:

2   **tazas de mezcla de *pancakes***
1½   **taza de leche**
2   **huevos enteros**
1   **lb de calabaza dulce**
1½   **cucharadita de canela**
¼   **cucharadita de vainilla**
Miel de agave (o si no, miel o sirope de maple)
***Spray* antiadherente**

LO QUE TIENES QUE HACER:

1. Limpia la calabaza removiendo las semillas, la fibra y la piel.

2. Córtala en cuadritos pequeños y hierve en agua por 10 minutos o hasta que esté cocida. Retírala y cuélala.

3. Mezcla en la licuadora la leche, los huevos, la canela y la vainilla.

4. Agrega la calabaza y mezcla hasta que la calabaza esté bien disuelta.

5. Cocina cada panqueque en una sartén a temperatura media con un poco de spray antiadherente.

6. Echa lentamente la mezcla hasta que te queden un poco gruesos y no los voltees hasta que toda la superficie esté llena de burbujas.

7. Unos 3-4 minutos después, dale la vuelta, dora bien por el otro lado, sirve y decora con frutas o crema batida y miel al gusto.

En un viaje que hice a la ciudad de Tequila en Jalisco, México, para conocer todo sobre su típica bebida, conocí la miel de agave, un edulcorante orgánico que se obtiene del mismo agave azul, del cual se hace el tequila. Su sabor es más neutral que el de la miel, con menos calorías y con increíbles propiedades medicinales. Es perfecto para diabéticos e ideal para los hipoglucémicos, ya que regula los niveles de insulina. Su delicado sabor y consistencia la hacen perfecta para preparar cualquier receta, tanto fría como caliente. Compra una marca de calidad, y si es orgánica, mejor; las más procesadas no son tan beneficiosas.

Revoltillo de *brunch* de un domingo al mes

10 minutos; 2 personas

Aún recuerdo los desayunos de los fines de semana en mi casa. Mientras mi papá salía a comprar pan fresco, mi madre se quedaba en la cocina cortando cebolla, tomate, pimientos, jamón y queso para hacer gigantescas tortillas. De esa tradición me surgió la idea de hacer esta tortilla; y cómo no hacerla si en mis viajes a España y México me vuelvo loca probando huevos con morcilla o con trufas negras como me las comí en Francia. Esta receta la puedes hacer también con chorizo mexicano, pero recuerda que, como es crudo, lo tienes que cocinar bien antes. Ponte creativo, diseña otras combinaciones. Será una sabrosa experiencia para hacer un desayuno como Dios manda y sorprenderte hasta a ti mismo. Si no encuentras el queso de cabra, usa queso fresco.

LO QUE NECESITAS:

- 6 huevos enteros
- 5 tomates *cherry* cortados a la mitad o ½ tomate pera cortado muy fino
- 4 champiñones cortados en cuartos (yo uso *baby portobello*)
- 1 oz de chorizo español (1 chorizo casero pequeño), cortado en finas rodajas
- 1 cucharada de crema o *crème fraîche*
- 1 cucharadita de tomillo fresco
- 1 cucharada de aceite de oliva extra virgen

Queso de cabra al gusto

Sal y pimienta al gusto

LO QUE TIENES QUE HACER:

1. En un tazón profundo combina los huevos con la crema, pero hazlo con mucho cuidado para no romper totalmente las yemas y así te quede un revoltillo más suave.

2. En una sartén de teflón, a temperatura media-alta, agrega el aceite, el chorizo, los tomates, los champiñones, el tomillo y sofríe por 2 minutos. La mezcla se tornará rojiza por el pimentón que suelta el chorizo.

3. Agrega los huevos, una pizca de sal y pimienta y cocina por 2 minutos mientras vas revolviendo para que se terminen de romper los huevos y mezclar todos los ingredientes.

4. Agrega el queso por encima y come con tortillas de maíz, tostadas con mantequilla o con un buen aceite de oliva, como las prefiero yo.

 La leche de cabra es alta en calcio, proteínas, buena para el corazón y una alternativa para los alérgicos a la leche de vaca. El queso de cabra tiene incluso menos calorías y grasa que un queso de vaca, por lo que es más fácil de digerir para tu estómago pues sus niveles de lactosa son muy bajos. Los maestros productores de este tipo de queso son los franceses y le llaman *chèvre*. En la ciudad de Nueva York también se produce un queso de cabra de muy buena calidad. Se trata de queso fresco, suave, sin corteza, con textura de queso crema y que por lo general encuentras en el mercado en un empaque en forma de tubo sellado al vacío. Luego de abrirlo, consérvalo en una bolsa que puedas volver a sellar para que dure. Si gustas, cúbrelo a vuelta redonda de romero fresco para servir con tostadas.

Torrijas de naranja con miel de agave

20 minutos; 4 a 6 personas

Un postre antiguo y tradicional español de Semana Santa, Navidad, y en realidad de cualquier momento porque hay que ver cómo cada pueblo se hace con la tradición. En Valladolid, por ejemplo, lo mismo me han servido las torrijas de desayuno que de postre. Son generalmente bien dulces, se terminan con azúcar y canela por arriba y hay quienes le agregan vino dulce, oporto o anís a la leche. El dulzor de mi versión es más delicado y le agrego licor de naranja, vainilla y miel de agave que me parece le va genial. Que te queden jugosas, nunca secas ni muy quemadas. Lo ideal, si tienes el tiempo, es dejarlas en la leche unos minutos antes de pasarlas por el huevo. Si las sirves de desayuno, acompaña con jugo, café o té. Si las sirves de postre, hazle compañía con un vino dulce de uva moscato de Italia, moscatel de España, un vino fortificado como el oporto de Portugal o un vino de uva semillon de Sauternes en Bordeaux, Francia.

LO QUE NECESITAS:

- 1 lb de pan *baguette*, pan de campo o *brioche*, del día anterior
- 3 tazas de leche
- 4 huevos
- ¼ taza de azúcar
- Ralladura de 1 limón o naranja
- 2 cucharadas de licor de naranja
- 2 cucharaditas de canela en polvo
- 1 cucharadita de vainilla natural o la vainilla de ½ vaina
- Miel, miel de agave o sirope de maple al gusto
- Aceite de girasol, de oliva extra virgen puro o canola

LO QUE TIENES QUE HACER:

1. Usando un rallador, ralla la piel del limón suavemente sin llegar a la parte blanca y échala en una olla pequeña con la leche, la vainilla, el azúcar, la canela y el licor.

2. Calienta por 5 minutos sin dejar que hierva. Luego sírvelo en un plato hondo y deja a un lado.

3. En otro plato profundo agrega los huevos, bátelos bien y déjalos a un lado.

4. Corta el pan en rodajas de media pulgada, rectas o diagonal. Si quieres darle forma cuadrada, como en la foto, corta los extremos de las rodajas para que te queden cuadradas.

5. Calienta una sartén a temperatura media-alta con suficiente aceite para freír. Cuando esté caliente, comienza a pasar cada pieza de pan por la leche, empapándola por varios segundos para que absorba la mayor cantidad; luego la pasas por el huevo, escurre un poco y fríela por 1 a 2 minutos por cada lado, hasta que se doren. No frías muchas a la vez para que no se te peguen.

6. Retíralas en un plato con papel toalla para que escurran el aceite y luego sirve en el plato final, con miel por encima.

El licor de naranja es una de esas bebidas que es capaz de hacer memorable cualquier trago y también cualquier dulce. Es un licor dulce, de sabor cítrico que bien puede ser de naranja o de ralladura de naranja con generalmente 40% de alcohol. Creo que es uno de esos ingredientes que nunca está de más tener en la cocina. Yo suelo escoger las marcas francesas que me parecen más delicadas. El licor que consigues en la sección de especias o repostería en el mercado es una imitación que seguro te arruina la receta. Agrega a tu postre un traguito de licor de naranja, sin miedo, recuerda que también esta bebida cumple su propósito de incorporar un ingrediente adicional a tu vida. Si no lo tienes en el momento, agrega ron y la ralladura de una naranja.

Sopa de lentejas

35 minutos; 4 personas

Son muchas las formas de hacer y servir esta receta. En España, por ejemplo, al jamón lo sustituirían por cubitos de jamón serrano o chorizo; en Italia le pondrían prosciutto, apio y pasta tipo coditos; o papa y chorizo como se hace en la Argentina. En casa, mi abuela en vez de la cebolla y ajo, agregaba 2 cucharadas de nuestro sofrito y cilantro en vez de perejil. Si eres vegetariano cambia el jamón por apio y más tomate. Esta sopa es una alternativa saludable y fácil de preparar. La puedes servir bien espesa como acompañante de la proteína, como hacen en Argentina, como sopa de aperitivo o plato principal. Inclusive, con los mismo ingredientes que la sazonas, prepara un arroz como si hicieras un arroz guisado; conseguirás un sabroso arroz con lentejas.

LO QUE NECESITAS:

1   taza de lentejas secas
3 a 4 tazas de caldo de pollo o vegetales
    (orgánico o fresco)
3   oz de jamón ahumado
4   dientes de ajo picadito
1   tomate pera grande
½   cebolla blanca picada muy fina
2   zanahorias, cortadas en trocitos
2   cucharadas de aceite de oliva extra virgen
1   hoja de laurel
Sal y pimienta al gusto
Perejil fresco (opcional)

LO QUE TIENES QUE HACER:

1. En una olla mediana a temperatura media-alta, agrega el aceite, el jamón y dora por 3 minutos.

2. Añade el ajo, la cebolla, el laurel y sofríe por 3 minutos. Súmale el tomate y sofríe por otros 3 minutos.

3. Echa el caldo, las lentejas, las zanahorias, y cuando empiece a hervir, reduce la temperatura a media-baja y cocina por 20 minutos o hasta que las lentejas estén suaves. Hay lentejas que absorben mucho más líquido que otras. Si están muy espesas, simplemente agrega más caldo y listo.

4. Añade perejil fresco, sal, pimienta y caliéntate el alma con esta sabrosura.

 Estas chiquitas son tan antiguas que hasta se mencionan en la Biblia, y se dice que su origen está en Oriente Medio. Hay docenas de variedades de lentejas y no todas se cocinan de la misma manera, así que cuando las compres fíjate en el tiempo de cocción que sugieren. Las más comunes en Estados Unidos son verdes o marrones y las encuentras secas, en bolsitas, en la sección de granos. Este grano tiene una cantidad de propiedades, desde mucha fibra hasta la capacidad de reducir el colesterol, el azúcar, y hasta se comenta que ayuda en la prevención del cáncer de mama. Descarta las lentejas que no luzcan bien, lávalas con agua, y luego, a la olla. No necesitan remojo en agua como los frijoles secos.

Caldito de pollo inspirado en el tlalpeño

120 minutos; 2 a 4 personas

Nada más nutritivo y simple que este sabroso caldo mexicano, que según la historia tiene su origen en el pueblo de Tlalpan, aunque no es un plato regional ya que cada región lo hace de forma diferente. Lo he comido en distintas ciudades de México con maíz, chile serrano, chile chipotle, epazote, calabaza y hasta con queso Oaxaca. Esta versión que te comparto, la hago cuando regreso de un viaje porque siento que me purifica hasta el alma. Lo mismo la como de entrada, que de plato principal, y si me sobra mucho pollo lo hago en ensalada o tacos. Mi padre, como buen boricua, pediría arroz blanco y tostones al lado. Ummm... Este caldito me recuerda a los que hacía mi abuelo Noel para acompañar su glorioso mofongo . ¡Cómo amaba yo esos días!

LO QUE NECESITAS:

2   lb de pollo, limpio y sin exceso de piel
8   tazas de agua
15 oz de garbanzos, ablandados, sin agua
2   zanahorias frescas, peladas y cortadas en rodajas
1   cebolla blanca, cortada en dos partes; deja una mitad entera y la otra la picas muy fina
2   dientes de ajo, enteros
¼   de taza de cilantro, picadito
1   aguacate, picado en lascas o cubos
Sal y pimienta al gusto

LO QUE TIENES QUE HACER:

1. En una olla profunda agrega el agua, el pollo, media cebolla entera y los ajos. Cuando veas que está a punto de hervir, reduce al mínimo la temperatura.

2. En esos primeros minutos verás que la grasa comienza a subir y acumularse encima del agua; retírala con una cuchara. No lo muevas para que no se mezcle; retira las veces que sea necesario y luego tapa a medias.

3. Hora y media después, retira el pollo, desmenuza la carne, retira los huesos y la grasa y regresa a la olla el pollo desmenuzado.

4. Ahora puedes echar la zanahoria, los garbanzos, rectificar de sal y pimienta y cocinar 30 minutos más.

5. Sirve en un tazón profundo con la cebolla blanca picada, el cilantro y el aguacate.

 Hay algo que necesito que entiendas. El mejor remedio para cuando estás enfermo o falto de energía es esta sopa que revive a un muerto. Una sopa de lata o de sobre no tiene las propiedades que necesitas y que solo el hueso y la carne del pollo, junto con la cebolla, el ajo y demás ingredientes te pueden regalar. Tu cuerpo merece mejores opciones que altos porcentajes de sodio e ingredientes procesados. Esta receta es muy fácil. La preparación no toma más de 30 minutos y el resto lo hace la estufa. Recuerda que cuanto más tiempo esté el pollo en el agua, más sabor tendrá. Así que una hora más al fuego significará más sabor para tu boca.

Sopa de yuca al mojo

30 minutos; 4 porciones

Esta es una forma divertida de saborear la auténtica cocina cubana. Es saludable y fácil de preparar; puedes servirla como aperitivo, primer plato o la comida completa de los más pequeños. Otra versión de esta receta la logras con plátano o con malanga o yautía, como se conoce en Puerto Rico, y queda sabrosa. No hay necesidad de crema ni mantequilla para que cada cucharada en tu boca sea adictiva. Esta receta la llevé a un recetario que hice para el Consejo de Vinos de Burdeos en Francia y la casé con una copa de vino de uva Merlot de la zona, que le va perfecto. ¡Buen provecho!

LO QUE NECESITAS:

2 lb de yuca pelada y cortada en trozos de 2" a 3" aproximadamente.

3 a 4 tazas de caldo de pollo (orgánico o fresco)

¼ de taza de aceite de oliva extra virgen

2 cucharadas de vinagre blanco

6 dientes de ajo, pelados y picaditos muy finos

2 cebollas blancas pequeñas picadas muy finas

2 hojas de laurel secas

1 cucharada de perejil italiano fresco picado muy fino

Sal y pimienta al gusto

LO QUE TIENES QUE HACER:

1. En una olla a temperatura media-alta, agrega suficiente agua con sal para cubrir la yuca y déjala hervir.

2. Mientras tanto, en una sartén a temperatura media, agrega el aceite y sofríe el ajo por unos 3 minutos, sin que se te queme.

3. Añade la cebolla, las hojas de laurel y cocina hasta que la cebolla esté tierna y transparente. Añade el vinagre, mezcla y coloca este mojo a un lado.

4. Retira 2 ó 3 cucharadas del mojo, mézclalas con el perejil y deja a un lado para decorar la sopa al final.

5. Cuando la yuca esté tierna, cuélala y retira la delgada raíz que tiene en su centro.

6. Si tienes una batidora de mano, regresa la yuca a la olla, agrega el mojo y el caldo de pollo y bate hasta que esté suave y con textura de sopa. Este proceso también lo puedes hacer en una licuadora, y luego regresas la sopa a la olla para agregarle la sal, la pimienta y calentarla un poco antes de servir.

7. Sirve y decora con el mojo con perejil que guardaste.

La inspiración de esta sopa es la tradicional receta de yuca al mojo, un platillo similar a una yuca en escabeche y servida como complemento en la cocina tradicional cubana. La yuca es una raíz usada con frecuencia entre los latinos. Es típica en Brasil y está presente en las cocinas de Cuba, República Dominicana, Colombia y el Perú, entre otras cocinas hispanas. Se encuentra fresca o congelada (y así te ahorras el tiempo de pelarla).

Sopa de elote, poblano y cilantro

30 minutos; 2 a 4 porciones

Esta sopa es delicada, ligera y muy saludable pues no tiene ni mantequilla, ni crema y aún así se siente cremosa, espesa y rica. Si la haces tal cual, no te quedará picante pues al sacarle las venas y semillas al poblano quedará solo el sabor y nada del picante. Si la prefieres con más "calor", deja algunas semillas y venas. Úsala como salsa para cualquier proteína; yo la sirvo para los camarones a la plancha, como salsa de wontons y en pasta como la de la página 126. Si no consigues el poblano o prefieres no usarlo, agrega un poco más de cilantro y listo. Con dos chiles serrano o un ají amarillo quedará memorable también.

LO QUE NECESITAS:

3 elotes frescos, desgranados
2 tazas de leche fresca (puedes usar leche 2%)
½ cebolla blanca grande picada pequeña
2 dientes de ajo picados pequeños
1 poblano asado o dorado, sin piel, venas, ni semillas
¼ de taza de cilantro
2 cucharadas de aceite de oliva extra virgen
Sal y pimienta al gusto

LO QUE TIENES QUE HACER:

1. En una olla a temperatura media-alta, agrega el aceite y sofríe el ajo y la cebolla por 5 minutos o hasta que la cebolla quede translúcida.

2. Añade el maíz y sofríe por 5 minutos más.

3. Échale la leche y cocina hasta que esté a punto de hervir. Después reduce al mínimo la temperatura y cocina por 15 minutos.

4. Retírala del fuego, espera a que pierda un poco de calor y llévala a la licuadora con el cilantro y el poblano. Bate hasta que tengas un sopa espesa.

5. Regresa todo a la olla para calentarlo nuevamente, sazona con sal, pimienta, sirve y decora con cilantro. Si tienes una batidora de mano, sumérgela directamente en la olla para que sea más fácil, seguro y rápido.

 Le llamo elote al maíz de esta receta porque en cada sorbo su sabor me transporta nuevamente a México. Guanajuato fue mi inspiración luego de probar una sopa similar y no dejar de saborearla semanas después. Maíz blanco, amarillo, morado, chicha o choclo; no hay excusa para no ser creativo con el maíz, puede ser muy versátil: en una sopa, pasta, ensalada, arroz, crema, pan y hasta en un postre. Lo importante es comprarlo fresco. ¡Nada de lata o congelado! Una vez que lo pruebes "al natural", te enamorarás de su sabor y textura. Ten presente lo saludable y sabroso que es comerlo fresco. Solo tienes que hervirlo unos minutos o dorarlo en una parrilla o sartén de hierro, para disfrutarlo en una sopa como esta o en un postre como el flan de la página 215.

Sopa de viandas

30 minutos; 6 a 8 porciones

Esta sopa fue, es y será mi sopa favorita de toda la vida. Mi abuela Guelín se la hacía a mi bisabuela Isabel con frecuencia y nos peleábamos por quién limpiaba las sobras en la licuadora o en la olla. Nada más natural que hacerla como la hacía mi abuela, sin una gota de mantequilla o crema y con todo el sabor de la tierra. Esta sopa es ideal para almorzar, de aperitivo o una comida completa en un día frío o lluvioso. Si no encuentras alguna vianda, duplica cualquier otra o usa solo 2 o 3 de tus favoritas. Si no tienes sofrito prepara el tuyo sofriendo ½ cebolla blanca, 2 o 3 dientes de ajo, un pimiento cubanelle pequeño y agrega más cilantro o culantro cuando vayas a procesar la sopa o al final, para intensificar el sabor.

LO QUE NECESITAS:

- 2 tazas de plátano (macho) verde picado en cubos de 1"
- 2 tazas de yautía picada en cubos de 1"
- 2 tazas de calabaza picada en cubos de 1"
- 2 tazas de malanga picada en cubos de 1"
- 2 tazas de ñame o yuca picada en cubos de 1"
- 8 a 9 tazas de caldo de pollo (orgánico o fresco)
- 3 cucharadas de sofrito
- Sal y pimienta al gusto
- Cilantro fresco para terminar

LO QUE TIENES QUE HACER:

1. Pela las verduras y pícalas en cuadritos pequeños de pulgada o pulgada y media para que se cocinen rápido y a la vez.

2. En una olla profunda a temperatura media-alta, agrega el sofrito y cocina por tres minutos mientras lo vas removiendo. Si usas un sofrito de cebolla, ajo y pimiento picado al momento, espera a que la cebolla esté tierna.

3. Agrega las verduras, el caldo de pollo y deja hervir por 15 a 20 minutos o hasta que estén tiernas.

4. Con cuidado transfiere el contenido a la licuadora o utiliza una batidora de mano en la misma olla.

5. Mezcla y cuando ya tenga una consistencia de sopa, sazona con sal y pimienta. De ser necesario o dependiendo cuán espeso o líquido la prefieras, agrega una taza más de caldo.

6. Sirve y decora con cilantro y/o un chorrito de aceite de oliva que le da un toque elegante.

 En Puerto Rico le llamamos viandas a las raíces como la yautía (malanga), ñame, yuca, e incluso en esa categoría añadimos el plátano, la banana verde, la calabaza y el panapén (fruta del pan). Todas tienen sabores y texturas diferentes, y todas son muy nutritivas. Con ellas hacemos rellenos, pasteles, frituras, majados, pero lo más común es comerlas hervidas con ensalada de bacalao, bacalao o cangrejo guisado, ensalada de atún y hasta con sardinas en salsa de tomate como las servía mi madre. Es una alternativa al rutinario arroz o la papa. Hervidas en agua con sal y servidas con aceite de oliva por encima son perfectas. Y un mojo de ajo y perejil también les sienta de maravilla.

Asopao de habichuelas rojas

30 minutos; 2 o 3 personas

Este asopao lo puedes hacer con cualquier tipo de frijol, ya sea blanco, mayocoba, rosado, gandul, garbanzo o lentejas. En vez de jamón, puedes usar chorizo del que tengas, español, argentino, mexicano o una buena salchicha. Añadirle un chile serrano o jalapeño es un extra riquísimo para los amantes del picante. Si consigues culantro además del cilantro de la receta, agrégale una hoja que también le va como anillo al dedo; la versión de mi abuela lleva los dos. Ella solía servir este gran sopón de plato principal y lo acompañaba con una ensalada de repollo, espárragos y maíz, tostones o pan baguette.

LO QUE NECESITAS:

5   tazas de caldo de pollo (orgánico o fresco)
15   oz de frijoles colorados, ya cocidos
1   taza de arroz cocido
1   lb de calabaza, picadita pequeña
2   cucharadas de sofrito caribeño
3   dientes de ajo
2   oz de jamón de cocinar ahumado
1   sobre de sazón con culantro y achiote
1   cucharada de pasta de tomate, licuada
    en un poco de agua
6   aceitunas rellenas
⅓   de taza de cilantro
1   cucharada de aceite de oliva extra virgen
Sal y pimienta al gusto
1   aguacate

LO QUE TIENES QUE HACER:

1. En una olla profunda sofríe el jamón en el aceite de oliva a temperatura media-alta por 2 a 3 minutos.

2. Agrega el sofrito, el ajo, la pasta de tomate, el sazón y sofríe por unos 5 a 7 minutos.

3. Añade los frijoles y espera a que hiervan. Entonces echa el caldo de pollo, el cilantro, la calabaza y deja cocinar todo a temperatura baja por 15 minutos o hasta que la calabaza esté cocida.

4. Añade el arroz, las aceitunas y deja al fuego por 5 a 10 minutos más.

5. Agrega sal y pimienta. Sirve y decora cada plato con un poco más de cilantro y pedacitos de aguacate.

En mi tierra le llamamos asopao a una sopa con arroz, como si fuera un gran guiso, cargadita de mucho sabor. Puede ser de camarones, de pollo, de gandules o de habichuelas (frijoles) coloradas como me lo hacía la abuela Guelín. Al frijol colorado lo encuentras grande o pequeño y claro, cuanto más grande, más sabor. Lo comemos en todo el Caribe y en otros países como Guatemala y Nicaragua, donde son los maestros del arroz gallo pinto que es una sabrosura. Y si te animas, la versión del asopao de islas como las Bahamas y Jamaica consiste en agregarle leche de coco.

Pozole verde de pollo

120 minutos; 6 a 8 personas

En México existen varias versiones de pozole: de pollo, de cerdo, blanco, rojo, seco, con chiles rojos, chiles verdes, pepitas de calabaza y hasta de camarón, pancita (menudo o mondongo) y chicharrón de cerdo. Cada uno hace su versión. Yo lo hago en el otoño con pavo y lo sirvo en porciones pequeñas en tazas para hacerlo divertido. Los acompañantes clásicos son la cebolla, los rábanos, el aguacate, la lechuga o repollo rojo, el orégano, el limón, la crema, el chile molido, y todos estos ingredientes se sirven aparte para que cada cual decida cuánto agregarle. La sopa es increíble tal cual, si no quieres agregar guarniciones no tienes que hacerlo. Para saber cómo comprar o limpiar los tomatillos, ve a la página 95.

LO QUE NECESITAS:

3 a 4 lb de pechugas o caderas de pollo

12 tazas de agua o caldo de pollo (orgánico o fresco)

30 oz de maíz pozolero (*hominy*)

2 cebollas blancas, peladas

5 dientes de ajo

5 tomatillos verdes, sin cáscara y limpios

2 chiles poblanos (sin venas ni semillas si no lo quieres picante)

1 chile serrano (sin venas ni semillas si no lo quieres picante)

1 cucharada de orégano

1 taza de cilantro picado

Sal a gusto

LO QUE TIENES QUE HACER:

1. Limpia el pollo con agua, sécalo y retira toda su piel.

2. En una olla profunda agrega el pollo, el agua o caldo, una cebolla entera, dos ajos enteros y espera a que hierva a temperatura alta.

3. Una vez que empiece a hervir, reduce al mínimo la temperatura, limpia los residuos de grasa que hayan subido a la superficie y cocina por al menos una hora, y mejor si dos.

4. Retira las presas, desmenúzalas y desecha los huesos.

5. Desecha la cebolla, los ajos y el exceso de grasa que siga en el agua; luego agrega el ave deshebrada.

6. En una sartén o comal, dora bien los tomatillos, los chiles, una cebolla cortada a la mitad y 3 dientes de ajo hasta que se le empiecen a poner negras algunas áreas y ve llevándolos a la licuadora según estén listos.

7. Agrega también ½ taza del caldo de pollo y el cilantro a la licuadora y mezcla bien.

8. Cuela y echa toda esa salsa sabrosa y aromática a la olla del resto del caldo.

9. Añade también el maíz pozolero, un poco de sal y deja cocinar por 30 minutos más para que se mezclen bien todos los sabores.

10. Antes de servir regresa el pollo a la olla, y listo para comer con orégano por encima.

 ¡Un platillo pa' calentarse, algo ácido y perfecto para los verdaderos amantes del cilantro! Lo encuentras en todo México, pero es más típico de Guerrero, Jalisco, Guanajuato y Michoacán. Esta sopa está hecha con una variedad especial de maíz llamada cacahuazintle. El grano es más grande, blanco, redondo y suave que el maíz blanco y amarillo común, incluso si lo comparamos con el choclo (maíz del Perú). Se usa también para hacer tortillas, tamales y atole. No se encuentra fresco fuera de su zona de origen y para cocinarlo pasa por un proceso de cocción de largas horas. Por eso la única opción que tenemos es comprarlo ya cocido, en lata, y lo consigues como *hominy* o "maíz pozolero" en la sección de frijoles o de productos mexicanos en el mercado.

Sopa de dos calabazas

20 minutos; 2 personas

Esta sopa es una rica alternativa hasta para un bebé. Puedes hacerla más líquida o espesa según tu gusto, decorarla con un poco de queso de cabra, mascarpone y hasta prepararla más espesa para servirla como un majado de acompañante a cualquier proteína. Recuerda que todo lo que vayas a hervir lo debes cortar del mismo tamaño para que se cocine rápida y uniformemente. La misma técnica de esta sopa la puedes usar con un solo tipo de calabaza, ya sea la común o la dulce; o hacer una versión de papa, plátano o cualquier otra raíz. No hace falta crema ni mantequilla para que quede sabrosa, así que antes de caer en la tentación, agrega un poco de leche fresca y listo.

LO QUE NECESITAS:

2   tazas de caldo de pollo (orgánico o fresco)

6   oz de calabaza dulce, pelada, sin semillas ni fibras

6   oz de calabaza regular, pelada, sin semillas ni fibras

1   cucharada de aceite de oliva extra virgen

2   dientes de ajo fresco picados muy finos

½   cebolla blanca mediana, picada muy fina

1   cucharada de cilantro picado muy fino

Sal y pimienta al gusto

Pepitas tostadas (semillas de calabaza) opcional

LO QUE TIENES QUE HACER:

1. En una olla a temperatura media pon a hervir el caldo de pollo y las calabazas.

2. Mientras tanto, en una sartén con aceite de oliva sofríe el ajo y la cebolla hasta que esté tierna y translúcida.

3. Agrega el sofrito del aceite, el ajo y la cebolla a la olla de la calabaza y, con una batidora de mano o transfiriendo todo a la licuadora, mezcla hasta que tenga textura de puré.

4. Agrega sal y pimienta y sirve con cilantro fresco por arriba o con semillas de calabaza tostadas.

 Calabaza, zapallo o auyama. Nombres distintos para una misma fruta que cuanto más intenso sea su color más caroteno nos proporciona. Está repleta de vitaminas C y B, ácido fólico y fibra, ayuda al corazón, a evitar la diabetes tipo 2, y además tiene fama de ser anticancerígena. No tienes excusa para no tenerla presente en tu vida y tu cocina. La calabaza de invierno o *butternut squash* que uso en esta receta es más delicada y dulce, así que puedes usarla para otro tipo de recetas, como en los raviolis de la página 138. Compra una firme y sin abolladuras. Córtala a la mitad, retira la fibra y las semillas con una cuchara y luego la pelas y cortas en trozos pequeños.

Sopa de zanahoria y coriandro

20 minutos; 4 personas

Hasta que no prepares esta receta no sabrás lo sabrosa que es y lo que te has perdido todo este tiempo. La puedes hacer más espesa y servirla como un majado con pollo, carne o cualquier proteína del mar. El secreto de la sopa es hacerla con zanahorias orgánicas y preferiblemente de temporada para que estén repletas de su dulce sabor. A cualquier hora del día, esta sopita será famosa entre grandes y chicos. Para salir de la rutina y conquistar el paladar de tus amigos, haz de las semillas de coriandro tu arma secreta en la cocina.

LO QUE NECESITAS:

1½ lb de zanahoria, orgánica (en temporada preferiblemente)

1 cebolla blanca mediana picada muy fina

2 dientes de ajo grandes picados muy finos

3 a 4 tazas de caldo de pollo o vegetales (orgánico o fresco)

¼ de cucharadita de semillas de coriandro molidas

1 cucharada de aceite de oliva extra virgen

Sal y pimienta al gusto

Cilantro fresco, queso fresco, almendras o semillas de calabaza para decorar

LO QUE TIENES QUE HACER:

1. Pela y pica la zanahoria en pedazos de aproximadamente 1" para que se cocine rápido.

2. En una olla mediana agrega el aceite de oliva, el ajo, la cebolla y sofríe a temperatura media-alta hasta que la cebolla esté translúcida y tierna.

3. Añade la zanahoria picada, 3 tazas de caldo y deja hervir unos 10 minutos o hasta que esté tierna.

4. Usando una batidora de mano en la misma olla o transfiriendo todo a una licuadora, mezcla bien hasta que tome consistencia de sopa espesa. Si gustas, agrega la taza adicional de caldo.

5. Si usaste licuadora, regresa la sopa a la olla y por último agrega coriandro, sal, pimienta y mueve para que todo mezcle bien.

6. Sirve y decora con queso fresco, aceite de oliva y cilantro fresco, almendras picaditas o semillas de calabaza.

 Las semillas de la planta del cilantro no son tan apreciadas entre los latinos como en India, China, Tailandia, España o la cocina tex-mex. Vienen enteras o molidas y las consigues en la sección de especias del mercado. Son económicas y duran hasta un año en el frasco. Para usarlas enteras caliéntalas por 1 a 2 minutos en la sartén para despertar su aroma y luego machácalas en un mortero. Su sabor es similar al cilantro, pero más intenso y con un aroma de cítricos y salvia que transforma cualquier receta. Aprovéchala y úsala para darle una nueva vida a cualquier carne, ave o proteína del mar.

Frijoles con puerco

60 minutos; 2 a 4 personas

Hay muchas versiones de esta receta: con grasa de puerco, chile habanero o más entomatada, entre otras. Si gustas, también puedes hacer esta sopa con carne de res; lo importante es seleccionar un corte de carne que ablande bien en poco tiempo y tenga su poquito de grasa para que aporte más sabor. Igual puedes usar frijoles pintos, frijoles cranberry o mayocoba en sustitución de los negros. Un pedazo de chorizo español o mexicano tampoco le va nada mal y de vez en cuando no hace daño experimentar tanto sabor en una cucharada.

LO QUE NECESITAS:

- 2   lb de masa o lomo de cerdo que tenga un poco de grasa
- 3   tazas de caldo de pollo o res, caliente
- 16 oz de frijoles negros cocidos
- 2   tomates pera
- ½   cebolla blanca
- 4   dientes de ajo
- 1   chile serrano o habanero para los valientes, sin semillas ni venas (opcional)
- ¼   de taza de cilantro picado
- 1   aguacate maduro
- 2   cucharadas de aceite
- Sal y pimienta al gusto
- 3 a 4 rábanos en rodajas
- 2-3 hojas de epazote fresco (opcional)

LO QUE TIENES QUE HACER:

1. Sazona la carne con sal y pimienta y en una olla a temperatura alta, agrega aceite y sofríe el cerdo por unos 3 minutos o hasta que se dore por todos los lados.

2. Añade el caldo y en cuanto empiece a hervir, baja a temperatura media y deja cocer por 20 minutos.

3. En una sartén o comal agrega el ajo, los tomates, el chile (opcional), la cebolla y dora hasta que veas que se hayan empezado a formar áreas negras por todos sus lados.

4. Licúalos con la mitad de la porción del cilantro y agrega a la olla del cerdo.

5. Después de cocinar los ingredientes durante 30 minutos a temperatura baja, agrega los frijoles cocidos, el epazote (opcional) y cocina por 20 minutos más. Cuanto más se cocine, más sabroso quedará y más tierno estará el cerdo.

6. Decora con una lasca de aguacate, rábano en rodajas o picadito bien pequeño, como se sirve en Yucatán, y más cilantro, si te gusta tanto como a mí.

Esta receta está inspirada en una sopa de frijoles con puerco y hoja epazote que probé en Yucatán, México. Esta hoja casi nunca falta en las recetas de frijoles de las abuelas mexicanas pues aporta sabor y aroma a las comidas. Se suele usar fresca en quesadillas, caldos, salsas y guisos. Tiene un sabor punzante, fuerte y su olor es parecido al del queroseno. El epazote, que fue usado por los mayas tanto en la cocina como en la medicina, crece en México, Estados Unidos y el Perú, donde le llaman paico. Esta hoja se conoce también como perejil vietnamita, hierba querosene y se usa para curar enfermedades gastrointestinales, de ahí surge la idea de agregarlo siempre a los frijoles para ayudar con su digestión.

Sopa de frijoles negros y plátano

30 minutos; 3 o 4 porciones

Para un día de lluvia, frío o simplemente de antojo de unos buenos frijoles, esta es una sopa extremadamente sabrosa. Los mexicanos y los cubanos son quienes más utilizan los frijoles en su cocina. Yo varié la receta y le di mi toque con el plátano. Otra opción que tienes es majar la sopa completamente y te aseguro que no sobrará ni la mancha en el plato. Simplemente lleva todo a la licuadora antes de sazonar y luego agrega la sal y la pimienta. Si no quieres usar tocineta, sustituye por jamón de cocinar o tocino. Y para darle un toque picoso, agrega un chile serrano o jalapeño y listo. Los frijoles los puedes servir como acompañante con arroz amarillo o blanco o si lo majas lo puedes servir de aperitivo con unos chips de maíz.

LO QUE NECESITAS:

- 15 oz de frijoles negros cocidos
- 3 tazas de caldo de pollo
- 2 oz de tocineta, picada pequeña
- 1 plátano verde (macho)
- 1 cebolla blanca picada muy fina
- 2 dientes de ajo fresco picado muy fino
- 1 cucharadita de comino
- 1 hoja de laurel
- 2 cucharadas de cilantro fresco picado muy fino

Sal y pimienta al gusto

LO QUE TIENES QUE HACER:

1. A fuego medio alto, en una olla mediana, sofríe la tocineta por unos 3 a 4 minutos.

2. Reduce la temperatura a fuego medio, cocina el ajo por 1 a 2 minutos y luego añade la cebolla hasta que se ponga tierna y translúcida.

3. Agrega los frijoles, el caldo de pollo, la hoja de laurel, el comino y ½ plátano macho rallado y cocina a fuego lento durante 15 a 20 minutos. La otra mitad del plátano la puedes rallar y freír como las arañitas de la página 98 pero en miniatura, para terminar la sopa con un toque divertido y agregar una textura crujiente.

4. Sazona con sal y pimienta. Sirve y decora con cilantro y/o las arañitas pequeñas.

Moros, porotos, habichuelas o pochas, como le dicen en España, en la cocina de las abuelas nunca faltan las legumbres, y es que entre sus virtudes prima que están llenas de salud. De todos, el frijol negro es el que más antioxidantes tiene, además de mucha fibra y vitaminas. En el mercado, donde están las latas, los encuentras secos en bolsas. Para cocinarlos déjalos en agua la noche anterior o en la mañana antes de salir al trabajo y 8 a 10 horas más tarde estarán ablandados. Ablandarlos garantiza una mejor experiencia, pero confieso que solo lo hago en ocasiones especiales, para el diario la lata me salva la vida. No se deterioran como ocurre con un vegetal enlatado, así que no soy tan purista porque te permiten saciar el antojo a cualquier hora.

Hummus de frijol mayocoba y ají amarillo

20 minutos; para compartir

Si quieres servirlo con textura de "frijoles refritos", no lo lleves a la licuadora y simplemente májalo con un tenedor. Y si lo que te apetece es comerlo como sopa, añade caldo de pollo o vegetales para que te quede más líquido. Unas aceitunitas negras botija (similar a las kalamatas pero del Perú) también le van perfecto de adorno o simplemente para acompañar en la mesa, o sea... juntos pero no revueltos. Este hummus *es perfecto para cualquier fiesta o incluso para usarlo como "salsa" en un* wrap, *hamburguesa, para servirlo un poco más líquido como sopa de aperitivo o para agregarlo bien espeso como base a un plato de filete de pescado, vieiras o camarones como el que hago con garbanzos en la página 166.*

LO QUE NECESITAS:

15 oz de frijol mayocoba cocido

3   dientes de ajo

½ cebolla blanca

3   cucharadas de aceite de oliva extra virgen

½ ají amarillo, desvenado, sin semillas, blanqueado y picadito muy fino o 1 cucharadita de pasta de ají amarillo

Jugo de un ¼ de limón

Sal y pimienta al gusto

LO QUE TIENES QUE HACER:

1. En una sartén, agrega el aceite de oliva y sofríe el ajo a temperatura media-alta por 3 minutos.

2. Añade la cebolla y sofríe hasta que esté transparente y tierna.

3. Agrega el ají o pasta y mezcla bien.

4. Añade entonces los frijoles, mezcla y cocina por 10 minutos.

5. Transfiere todo a la licuadora o mezcla con una batidora de mano y agrega el jugo de limón, la sal y la pimienta.

6. Prueba y si está perfecto sirve y decora con más aceite y a comer con pan, pita o zanahorias.

Me inspiré en el Perú para hacer este *hummus* peruano porque uso dos ingredientes de esa sabrosa tierra: el frijol mayocoba y el ají amarillo. Este frijol lo puedes encontrar bajo el nombre de frijol "canario" o, en inglés, *canary bean*. Es muy popular en el Perú y en algunas ciudades de México, pero se encuentra con facilidad en otros mercados. Es parecido al frijol pinto pero es más cremoso, un toque dulce y con mucho sabor. En el Perú el frijol mayocoba se usa en el tacu-tacu y hasta en ensalada, mezclándolo con cebolla roja, tomate, jugo de limón y cilantro. También te puedes animar a guisarlo con ajo, cebolla y ají amarillo, hacerlo estilo "de olla" mexicano o guisado con calabaza como se hace en algunas partes de España, Colombia, República Dominicana y en Puerto Rico.

Guacamole con mango, cangrejo y camarón

15 minutos; para compartir

El cangrejo que comes en la mayoría de los restaurantes de sushi, no es cangrejo sino una imitación. Se estila usar pescados de descarte, aquellos que son más abundantes, de escaso valor y salida comercial. Tienes que probar el cangrejo real para vivir la verdadera experiencia. Todos los ingredientes de esta receta son muy compatibles entre ellos, tenlo en mente para hacer tus propias obras de arte en la cocina. Puedes hacer una pasta fría con salsa de aguacate y agregarle el cangrejo o el camarón y el mango. Es cuestión de probar e inventar. Esta receta fácilmente la puedes convertir en una ensalada para el almuerzo o la cena. Y si prefieres hacerla solo de camarón o cangrejo, duplica la porción y listo. Otra forma de disfrutarla es con chips asados o chicharrón de cerdo.

LO QUE NECESITAS:

3   aguacates *hass* o medianos, pelados, sin semilla y picados en trocitos

2   dientes de ajo picaditos muy finos

6   oz de cangrejo desmenuzado

6   camarones medianos cocidos y picados en 3 pedazos, sin cola

1   mango pequeño, maduro, pelado y cortado en cubos

1   chile serrano desvenado, sin semillas y picadito muy fino

½   cebolla roja picada muy fina

¼   de taza de cilantro picado muy fino

Jugo de 1 limón

2   cucharadas de aceite de oliva extra virgen

Sal y pimienta al gusto

LO QUE TIENES QUE HACER:

1. En un tazón profundo combina el aguacate picadito en trozos y el jugo de limón.

2. En otro tazón añade el resto de los ingredientes, mezcla bien con una cuchara y agrega el aguacate para que queden algunos pedazos enteros. Si te gusta el guacamole más molido, entonces puedes majar bien todos los ingredientes.

3. Sazona con sal, pimienta, un poco más de aceite de oliva o limón al gusto.

4. Prueba y si está perfecto, sirve inmediatamente con tortillas o sobre una ensalada mixta.

 No te voy a pedir que te pongas a hervir un cangrejo porque me imagino que te frustrarías y cerrarías el libro. El cangrejo fresco es de temporada, se cocina en agua hirviendo por solo 5 a 7 minutos y su sabor es divino, no importa si es juey, jaiba, centollo, *stone crab* o cualquier otra variedad. Pero soy realista, así que dejemos el cangrejo fresco para saborearlo en un buen restaurante y compremos una carne de cangrejo de buena calidad. Estos productos los consigues en frascos fríos en la pescadería del mercado, pero si lo que quieres es ahorrar tiempo, una buena conserva servirá. El cangrejo es muy delicado, no necesita de mucho más para disfrutarse, y cuanto más alta la calidad, mejor será el resultado. Para colmo tiene mucho zinc y yodo. Recuerda también que es un crustáceo así que, si eres como mi padre que es alérgico, prepara esta receta solo con mango.

Setas al vino

10 minutos; para compartir o 4 porciones sobre la carne

Esta receta es una tapa tradicional en España, que se sirve siempre con pan. En algunas zonas de Andalucía se sustituye el vino blanco por el jerez que le da un toque muy especial. Las setas puedes cocinarlas enteras, cortadas en dos, en cuatro o en lascas finas y mezclar cualquier variedad: blancas, trompetas, portobello, crimini, shitake, hen of woods o french horn, entre muchas otras. En casa las sirvo como tapa, acompañante o por encima de una carne a la plancha o a la parrilla. También las hago con el doble de aceite, las sirvo sobre una libra de pasta hervida y agrego calabaza, espinaca y albahaca, en vez de perejil, y lo conviertes en otro plato. ¿Otro plato? Las setas con huevos revueltos con albahaca, esa sí que es una experiencia incomparable.

LO QUE NECESITAS:

12 oz de champiñones, cortados a la mitad
½ taza de vino blanco o Jerez
5 dientes de ajo, laminados o picados pequeños
2 cucharaditas de perejil fresco
¼ de taza de aceite de oliva extra virgen
Sal y pimienta al gusto

LO QUE TIENES QUE HACER:

1. Echa el aceite de oliva en la sartén, a temperatura media-alta, añade los ajos y dora los champiñones por 3 minutos, moviéndolos para que agarren calor por todos sus lados pero sin dejar que los ajos se quemen.

2. Salpimienta, agrega el vino y espera 2 minutos a que se reduzca pero sin dejar que se evapore todo el líquido. Recuerda que quieres poder remojar el pan en el caldo.

3. Luego retira del fuego, agrega el perejil y sirve con pan *baguette*. Tan sencillo como eso.

La micología es la ciencia que trata de los hongos. Gracias a un congreso de Madrid Fusión en Soria, España, al que me invitó José Carlos Capel y quien escribió el prólogo de este libro, me adentré en el mundo de las setas al punto de aprender hasta cómo recolectarlas y catarlas como si fueran vino. Estudiarlas es todo un arte, pero más fascinante es vivir en un país en el que se aprecian y se valoran como sucede en España, Francia, Italia o en el sur de la Argentina. Lo más simple del mundo es sacarle el mayor y mejor provecho a su textura, aroma y sabor. Las instrucciones también son simples: no las limpies, solo retira, con un paño, cualquier resto de tierra. Cocínalas poco o se deshidratarán y perderán su textura y sabor. Aquí solo sirven frescas en temporada, y si quieres degustar diferentes sabores, solo tienes que mezclar algunas variedades. Cualquier precio que pagues es pequeño a cambio de la recompensa de sabor que vas a recibir.

Tacu-tacu

35 minutos; 4 porciones

El tacu-tacu es un arroz típico del Perú, muy, pero que muy sabroso y parecido al arroz mamposteao de Puerto Rico. La diferencia es que en el Perú se dora para que quede crujiente y con forma definida, como si fuera un fondo o pegao. Lo puedes hacer también con frijol cranberry, rosadas, garbanzos, alubias o frijol cannellini. El chile lo puedes omitir o sustituir por pimiento naranja o pasta de ají panca. La receta original no lleva tocineta, no tienes que agregarla si no quieres pero aporta muchísimo sabor. El chef Carlos Delgado, quien me enseñó a prepararlo, siempre lo hacía con manteca de cerdo. Con el lomo al jugo de la página 182 tu cocina olerá a típica cocina peruana.

LO QUE NECESITAS:

- 2   tazas de arroz blanco cocido
- 15 oz de frijoles mayocoba (canario)
- 2   oz de tocineta
- 3   dientes de ajo fresco picaditos muy finos
- ½   cebolla roja picadita muy fina
- 2   cucharaditas de pasta de ají amarillo o 1 chile blanqueado, desvenado y sin semillas
- 2   cucharadas de aceite de oliva extra virgen
- 1   cucharadita de orégano seco
- ½   cucharadita de comino en polvo
- 2   cucharadas de cilantro fresco picado fino

Sal y pimienta al gusto

LO QUE TIENES QUE HACER:

1. En una sartén grande a temperatura media-alta cocina la tocineta por unos 3 a 5 minutos.

2. En el mismo aceite de la tocineta añade el ajo, sofríe por 1 minuto, agrega la cebolla y cocina hasta que esté transparente y tierna.

3. Agrega el ají amarillo, el comino, el orégano y los frijoles y deja cocinar por 5 minutos mientras majas la mitad de ellos en la misma sartén.

4. Añade el arroz cocido, el cilantro, el aceite de oliva y mezcla bien.

5. Entonces empieza a darle la forma que gustes, ya sea usando todo el fondo de la sartén o tipo tortilla doblada. La idea es dorar el arroz para que agarre forma y se ponga un poco crujiente.

 El orégano es una de esas hierbas que es tan buena fresca como seca, y nunca debe faltar en tu cocina. Su origen es griego, pero hoy se usa y se cosecha en muchos países, incluso en México. Hay más de 30 tipos de orégano, entre los más populares en los mercados: el mediterráneo, que se comercializa sin ese apellido; la mejorana, que es de la misma familia, y el orégano mexicano que es muy oloroso y más delicado. Hay estudios que indican que es un poderoso antibiótico y que tiene incluso más antioxidantes que algunas frutas. Nunca olvides que en el más mínimo ingrediente puede estar la nutrición que necesitas.

Tapa de choripán con pimiento y pesto de cilantro

20 minutos; para compartir

En la Argentina, mis embutidos favoritos son la longaniza, que se come seca o curada; el chorizo casero de esta receta que es rojo y sin pimentón ni achiote; y la salchicha parrillera, parecida a una chistorra pero con toda la sazón argentina. Un choripán es un pan tipo baguette, tamaño individual, con un gran pedazo de chorizo y un poco de chimichurri que encuentras en puestos en cualquier rincón del país. Este chorizo se hace de cerdo o cerdo y res, con ajo, ají molido, orégano, pimienta, nuez moscada, hinojo o anís. Cuando estoy en la Argentina es lo primero que se me antoja, aunque por suerte en Estados Unidos se encuentra y de buena calidad. Lo puedes hacer sin el pesto y usar chimichurri. Siempre que invites el chorizo argentino a tu asado recuerda que, a diferencia del español, viene crudo y lo tienes que cocinar bien.

LO QUE NECESITAS:

- 1   pan *baguette*, cortado en pedazos cuadraditos y chicos
- 1   lb de chorizo argentino
- 2   pimientos morrón asados, frescos, de frasco o piquillos de lata, cortados en tiras
- ½   taza de cilantro picado
- ¾   de taza de aceite de oliva extra virgen
- 2   oz de queso fresco o queso manchego
- 1   oz de semillas de calabaza tostadas
- 1   diente de ajo mediano
- Sal y pimienta al gusto

LO QUE TIENES QUE HACER:

1. Prepara la salsa pesto llevando el aceite, el cilantro, el queso, las semillas y el ajo a la licuadora o procesador.

2. Mezcla, sazona con sal y pimienta, prueba y luego deja a un lado.

3. En una parrilla o sartén, cocina el chorizo entero por 10 a 12 minutos y voltea ocasionalmente.

4. Mientras tanto, tuesta el pan en la sartén o en el horno y estarás listo para enamorarte de este plato.

5. Ah, no olvides el pimiento morrón. Si decides cocinar el chorizo en rodajas, solo tardará unos 4 minutos al fuego.

No hay mejor invitación que la de un argentino a un buen asado. Nadie les gana. El tiro de salida lo dan el domingo a las 9 de la mañana cuando preparan la leña y los ingredientes. A eso de la 1 p.m. sirven la primera copa de vino, el salami y las aceitunas; y a eso de las 2 p.m. sale a escena la provoleta. Baja el telón, sube el telón, aparece el choripán, la morcilla y los vegetales —el intermedio es con vino— y le siguen las mollejas y los chinchulines (intestino). Y justo cuando piensas que no puedes comer más, dan las 4 p.m. y sirven la tira de asado, el bife, la entraña, la colita de cuadril y cinco cortes más, incluido el cuero de cerdo que se asa en estaca. Todo esto acompañadísimo de chimichurri, pan, ensalada rusa, papas fritas o lentejas. Y en lo que canta un tango llega una crepa de dulce de leche con helado por encima.

Salsa de chile de árbol con tortillas asadas

25 minutos; 6 a 8 personas para compartir

Si eres de los que ama el picante, le dejas algunas semillas a los chiles y quedan listos para disfrutar de su calor. También puedes agregarle 1-2 tomatillos verdes o 1 chile ancho o guajillo para darle variedad en sabor. Puedes calentar esta salsa y servirla por encima del pollo, un filete de pescado, camarones, usarla para un guiso y hasta me he visto usándola como aderezo para una ensalada con un buen atún en conserva.

LO QUE NECESITAS PARA LA SALSA:

4 o 5 chiles de árbol
2   tomates pera
2   dientes de ajo
⅓ de taza de semillas de calabaza
1   cebolla blanca pequeña
1   cucharada de cilantro fresco
Sal al gusto
1 a 2 tazas de agua o aceite de oliva extra
    virgen para licuar

LO QUE NECESITAS PARA LOS *CHIPS*:

6 a 10 tortillas de maíz
Aceite de oliva extra virgen o girasol
Una pizca de sal

LO QUE TIENES QUE HACER PARA LA SALSA:

1. En una sartén o comal, tuesta por un minuto las semillas y déjalas a un lado.

2. Tuesta los chiles por 2 minutos para despertar su aroma.

3. Retíralos, remueve las semillas, venas y ahógalos por 20 minutos en un tazón profundo con agua tibia. Deja a un lado y lávate las manos.

4. Agrega a la sartén la cebolla, los tomates, el ajo y dóralos hasta que se le formen áreas negras.

5. Lleva los chiles, los tomates, la cebolla, los ajos, el cilantro y las semillas a la licuadora y bate hasta que esté todo bien "sedoso". Agrega un poco del agua de los chiles o aceite de oliva mientras bates para que se ponga más espesa.

6. Prueba de sal y sirve fría al lado de los *chips*.

LO QUE TIENES QUE HACER PARA LOS *CHIPS*:

1. Pica las tortillas en 8 como si fuera una *pizza* y, con una brochita o con los dedos, humedécelas con un poco de aceite; agrégales una pizca de sal.

2. Hornéalos por 8 a 10 minutos a 450 °F o hasta que veas que estén dorados y crujientes.

México tiene una variedad de chiles tan grande que una vida es suficiente para conocerlos todos. La variedad "chile de árbol" la encuentras seca, en bolsa, en la sección de chiles del mercado. Se le llama "de árbol" porque el arbusto en el que crece es más alto que los de otras variedades de chiles. Es un ingrediente muy usado en la cocina mexicana, principalmente en el norte. Crece verde, madura rojo y mayormente lo encuentras seco. Tiene un sabor ahumado bien delicado pero pica muchísimo así que ten cuidado con las manos. Lávate bien después de tocarlo y evita tocarte la cara. Removiéndole las semillas y venas disfrutarás de su sabor y no sufrirás de su pique si eres intolerante a sabores intensos.

Empanadillas chinas de pavo y serrano en salsa de naranja

30 minutos; 40 porciones aproximadamente

Al vapor o fritas —cuál de las dos versiones más ricas— son perfectas para un aperitivo. Lucen espectaculares y la carne queda tan sabrosa que la puedes usar para empanadas de masa de trigo o maíz, con pasta, quinoa, en una ensalada o hasta en tacos. Las empanadillas las rellenas de lo que se te ocurra. Esta misma masa es la de los raviolis de la página 138, así que no hay límites para inventar. Hasta una lasaña de último momento montada fresca con esta misma masa queda genial. La guindilla también la puedes sustituir por 2 cucharaditas de jengibre rallado si no la consigues. También una pizca de vinagre de arroz le va bien. Y en caso de que tengas poco tiempo, salsa de soya baja en sodio o salsa de pato, también son bienvenidas.

LO QUE NECESITAS PARA LAS EMPANADILLAS:

1 **lb de carne molida de pavo**
1 **paquete de *wonton wraps* pequeño**
3 **dientes de ajo**
1 **chile serrano, sin venas, ni semillas y picado muy fino**
¼ **de taza de cebolla china picada muy fina (cebolla de *cambray*, cebollín)**
¼ **de taza de cilantro picado pequeño**
2 **cucharadas de aceite de oliva extra virgen**
Sal y pimienta al gusto

LO QUE NECESITAS PARA LA SALSA:

1½ **taza de jugo de naranja, sin semilla pero la pulpa le sentará bien (4 o 5 aproximadamente)**
2 **cucharadas de miel o miel de agave**
1 **guindilla seca, 1 peperoncino, chile piquín o una pizca de pimienta cayena**

LO QUE TIENES QUE HACER PARA LA SALSA:

Si tu plan es servir las empanadillas con la salsa de naranja, empieza por la salsa para economizar tiempo.

1. En una olla pequeña a temperatura media, agrega el jugo de naranja y la miel y reduce por 15 minutos removiendo varias veces.

2. Agrega la guindilla, baja la temperatura y deja reducir por 15 minutos más y luego deja a un lado.

LO QUE TIENES QUE HACER PARA LAS EMPANADILLAS CHINAS O *WONTONS*:

1. Pon la carne en un tazón profundo, sazona con sal y pimienta y mezcla con el ajo, el chile, el cilantro y la cebolla china o cebollín.

2. En una sartén a temperatura alta agrega 1 cucharada de aceite y sofríe la carne por 3 a 4 minutos mientras la vas moviendo.

3. Remueve del calor, sirve en un tazón profundo, agrégales la otra cucharada de aceite de oliva y espera a que pierda calor para armar las empanadillas.

4. Empieza por colocar las masas de *wonton* en un plato grande, humedece los bordes de la masa usando agua y la yema de los dedos para que pegue bien al cerrarla.

5. Una vez sellada, marca por ambos lados los bordes presionándolos con la punta de un tenedor para que queden lindas.

6. Cocina al vapor por 5 minutos o fríe en aceite, de canola o girasol, bien caliente por 2 a 3 minutos.

Muchos no cocinan con chiles porque piensan que todos pican y por eso se pierden una vida de sabor en su boca. Pero puedes cocinarlos sin sus semillas ni venas y aun así sentir su sabor antes que su tono picante. ¡Te van a enamorar! De color verde intenso, alargado pero pequeño y sin punta pronunciada, el chile serrano es uno de mis chiles favoritos. ¿Que por qué es tan picante? Por su alto contenido de capsicina, un poderoso antioxidante al que le atribuyen propiedades anticancerígenas; dicen que previene la formación de coágulos en la sangre, libera endorfinas; en crema, alivia dolores de artritis crónicos ya que es un antiinflamatorio natural.

Dip de salmón ahumado sobre jícama

15 minutos; para compartir

A esta receta le puedes cambiar el salmón por un pollo cocido, atún, salmón o caballa en conserva de buena calidad. Es una receta que puedes hacer cuando tienes una fiesta en casa o para llevar a una cena en otra casa y sorprender con algo sencillo y económico. El salmón ahumado fresco está disponible sellado al vacío en bolsas y refrigerado en la sección de mariscos del supermercado. Si no lo quieres servir sobre jícama, con un pan francés o unas tostadas lo disfrutarás de igual manera.

LO QUE NECESITAS:

8 oz de salmón rosado, silvestre y ahumado
1 jícama mediana, pelada y cortada en pequeñas rodajas (mejor si lo haces con un cortador de galleta)
4 oz de queso crema
¼ de taza de aceite de oliva extra virgen
2 cucharadas de cebolla roja picada muy fina
1 cucharada de perejil
Jugo de medio limón
Sal y pimienta al gusto

LO QUE TIENES QUE HACER:

1. En un tazón profundo mezcla el salmón, la jícama, el queso y el aceite, y mezcla bien presionando con un tenedor o espátula, buscando crear casi un *mousse*.

2. Añade la cebolla, el perejil, el limón y mézclalos.

3. Rectifica con sal, pimienta y ya estará listo para servir.

Parece una papa o malanga gigante pero en realidad este tubérculo se llama jícama o nabo mexicano y es típico de México y Centroamérica. Su piel es fina, de color marrón y por dentro es crujiente, jugosa y delicadamente dulce, parecida a una pera. Elígelas firmes y de piel saludable. Quítale la piel y la primera capa de pulpa bajo la piel, pues a veces suele ser fibrosa. Si no la usas inmediatamente, ponla en un recipiente con agua fría para mantenerla crujiente y que no se te ponga negra. Úsala en ensaladas verdes, ensalada de frutas o cortada muy fina para usar como si fuera masa de taco. Solita con jugo de lima y chile en polvo es todo un clásico. Lo bueno de la jícama es que tiene muy pocas calorías, mucha fibra, contiene vitamina C y para colmo nos llena de energía. Por algo es considerada un *superalimento*.

Garbanzos con chorizo y cilantro

20 minutos; para compartir

Esta es una de las recetas favoritas de mi familia y amigos. No me libro de cocinarla en ninguna fiesta y es una de esas recetas que convence a cualquiera de prepararla... espero que te pase lo mismo. Si quieres servirlo estilo hummus, *como lo hizo mi amiga Aslin para convencer a sus niños de comerlo, transfiere todo al final a un procesador o licuadora y listo. Si usas chorizo mexicano, también tomará el color rojo debido al achiote. Solo asegúrate de agregar el chorizo antes que los garbanzos para que se cocine por unos 5 minutos. El sabor no será igual pues los chorizos son diferentes pero también quedará sabroso.*

LO QUE NECESITAS:

15 oz de garbanzos cocidos (sin agua)
¼ de taza de aceite de oliva extra virgen
1 cebolla blanca mediana, picada muy fina
5 dientes de ajo, picados muy finos
¼ de taza de cilantro fresco, picado
4 oz de chorizo español (2 chorizos caseros)
Sal y pimienta al gusto

LO QUE TIENES QUE HACER:

1. En una sartén, a fuego medio alto, agrega el aceite, el ajo y sofríe por un minuto.

2. Añade la cebolla y cocina por 5 minutos o hasta que esté tierna y transparente.

3. Mezcla con los garbanzos y cocina por 5 minutos para que todos los sabores se unan. Echa el chorizo, baja la temperatura a media y cocina unos 10 minutos o hasta que el aceite se ponga rojo por el pimentón del chorizo.

4. Termina por agregar el cilantro, sazona con sal y pimienta, prueba y luego sirve con pan fresco. Adorna con más cilantro y a disfrutar con vino o cerveza.

 Me atrevo a decir que el mundo de los embutidos "es otro gran mundo". El chorizo español, por ejemplo, es cocido, no como el chorizo mexicano o argentino que hay que cocinar antes de comerlos. Su color rojo que tanto sabor aporta es del pimentón o páprika dulce española. Mientras que el rojo del chorizo mexicano es casi siempre achiote y el más típico en la Argentina no lleva color. Hay infinidad de variedades y marcas en cada país pero la mayoría inspiradas en España. El que uso en esta receta es menos seco, de unas 3" de largo y muchas veces lleva el apellido de "casero" en la etiqueta. También con chistorra española queda sabroso, el color y sabor es similar, solo que es más larga y fina. La verdadera experiencia con el producto español se vive en España, país que adoro y que te invito a conocer.

Arroz con cebolla y tocineta

30 minutos; 4 personas

Un platillo muy famoso en mi país y en mi familia; el favorito de mi abuela, mi madre y mis primas del lado de mi madre. En casa nunca faltaba a la hora de una carne al BBQ. Mucha gente lo hace con sopa de lata o con el polvo de un consomé de sobre pero yo prefiero el mío orgánico, lo más fresco y natural posible para luego no sufrir consecuencias. Este arrocito lo puedes servir con carne o pollo al horno, a la plancha o a la parrilla, pero es tan rico que hasta se deja comer solo, así que ¡cuidado!

LO QUE NECESITAS:

3   tazas de arroz, de grano largo
6   oz de tocineta, picadita en cuadritos pequeños
2   cebollas rojas, grandes, picadas muy finas
3 ½ tazas de caldo de carne (orgánico o fresco)
3   dientes de ajo, grandes, picados muy finos
Sal al gusto
Perejil fresco picadito al gusto para decorar

LO QUE TIENES QUE HACER:

1. En una olla a temperatura media-alta, cocina la tocineta hasta que esté crujiente, pero sin que se te queme mucho el fondo de la olla.

2. Retírala y en la misma grasa que quedó, agrega el ajo y la cebolla y cocina a temperatura media hasta que esté translúcida y tierna (unos 10 minutos).

3. Agrega el arroz y sofríe removiendo por 1 minuto.

4. Echa el caldo, la tocineta, la sal, mezcla, prueba de sal y cuando hierva lo tapas y cocinas a temperatura baja hasta que el grano se cocine.

5. Decora con perejil fresco y a disfrutar.

La tocineta o *bacon* es el ingrediente favorito de mi compatriota y amigo, el chef Mario Pagán. Aunque este ingrediente no es santo de mi devoción, tampoco lo tengo prohibido y de vez en cuando, y con mucho gusto, lo invito a mis recetas. La tocineta aporta muchísimo sabor, así que el secreto está en no usarla en grandes cantidades para así sentirla y saborearla lo suficiente sin que nos traiga cargo de conciencia. El truco está en cocinarla en su propia grasa, nada de añadir más aceite, para preservar todo el sabor que la caracteriza. ¿Mi política a la hora de comprar y comerla? Nada de versiones con sabores, bajas en sodio o grasa. Para mí solo la más natural y de mejor calidad.

Guacamole griego con pan pita asado

15 minutos; para compartir

Un simple ingrediente te puede hacer cambiar la experiencia de una receta que ya conoces. Este "guacamole griego" lo puedes usar como dip, como salsa si lo mueles bien y hasta como substituto de mayonesa en cualquier ensalada de papa, pollo, cangrejo o camarón. También lo puedes mezclar con atún en conserva y llevártelo de almuerzo al trabajo o servirlo en casa un día en familia, de playa o en un picnic. Recetas así son encantadoras y refrescantes para un día de verano.

LO QUE NECESITAS:

2 aguacates *hass* o aguacates pequeños de otra variedad

3 oz de yogur griego (natural, sin sabor)

2 cucharadas de cilantro fresco picado muy fino

¼ de cebolla roja mediana picada muy fina

1 diente de ajo picado muy fino

Jugo de ½ limón

Sal y pimienta al gusto

6 a 8 panes pita cortados en 4 u 8 partes (como se cortan las *pizzas*)

Aceite de oliva extra virgen

½ chile serrano, sin venas ni semillas y picado muy fino (opcional)

LO QUE TIENES QUE HACER:

1. Precalienta el horno a 450 ºF.

2. Agrega un poco de aceite de oliva, sal y pimienta a uno de los lados del pan pita, colócalos en una bandeja de hornear y deja que se tuesten por 5 minutos.

3. Echa la pulpa de los aguacates en un tazón profundo, agrega el jugo de limón, el ajo, la cebolla, el yogur, el cilantro, el chile (si gustas) y termina con sal, pimienta.

4. Disfruta de una probadita para asegurarte de que esté perfecto.

5. Retira el pan pita del horno y sirve inmediatamente. También puedes servirlo con *chips* de maíz o con zanahorias.

Al yogur griego, típico del Mediterráneo y Medio Oriente, se le extrae el suero para reducir sus azúcares, para que sea más cremoso y no se cuaje al someterlo a calor. Es un poco más caro que el yogur normal, pero tiene casi el doble de las proteínas, es buena fuente de calcio y probióticos, y tiene menos carbohidratos y menos lactosa. Cómpralo sin sabor y siempre que puedas úsalo en vez de la mayonesa o la crema para una opción más saludable.

Montadito de tartar de salmón en pegao

40 minutos; 20 a 25 porciones

Las tortas las puedes hacer del tamaño que gustes y servirlas con una proteína por encima en otra ocasión. El tartar lo puedes preparar con atún, bonito, pescado blanco o con la serenata de la página 134. Otros ingredientes que pudieras usar para otras versiones son cebollín verde, aceitunas negras, chile serrano, ají amarillo, pepino, tomates, pimientos de todos colores, en fin, no hay límites en algo tan fresco y saludable. El "pegao" es lo que llamamos en mi tierra a la capa crujiente que se queda pegada a la olla después de hacer el arroz. En España le llaman costra y en otros países fondo.

LO QUE NECESITAS PARA EL TARTAR:

1 lb de filete de salmón fresco en cubos pequeños

1 aguacate maduro picado en cubos pequeños

¼ de cebolla roja picadita muy fina

½ taza de piña fresca picada fina

Jugo de 2 naranjas

Jugo de 2 limones, y si quieres ralla la piel de uno y agrégala

2 cucharadas de cilantro fresco

2 cucharaditas de salsa de soya (baja en sodio)

2 cucharaditas de jengibre rallado

LO QUE NECESITAS PARA LAS TORTITAS DE PEGAO:

1 taza de arroz

1 ½ tazas de agua

1 cucharada de aceite de oliva extra virgen (para cocinar el arroz)

3 cucharadas de aceite de girasol o canola (para sofreír las tortitas)

Sal al gusto

LO QUE TIENES QUE HACER:

1. Cocina el arroz como lo harías normalmente.

2. Una vez listo, deja que pierda un poco de calor para no quemarte y cuando sientas que lo puedes manejar usando las manos, empieza a darle forma a las tortas presionándolas bien para que no se desmoronen. Si el arroz te quedara muy suelto, humedécelo con un poco de clara de huevo y eso servirá de pegamento.

3. En una sartén pequeña a temperatura media-alta, agrega 3 cucharadas de aceite y, cuando esté caliente, echa las tortitas y cocina por 1 a 2 minutos por cada lado, hasta que estén crujientes y doradas. Colócalas sobre un papel toalla para que absorba el exceso de grasa mientras preparas el tartar.

4. Mezcla el salmón, el aguacate, la cebolla, la piña y el jengibre. Añade el jugo de limón, de naranja, la soya y el cilantro.

5. Mezcla bien y sirve inmediatamente. Si no quieres usar la salsa de soya, simplemente agrega sal y pimienta. Ya es hora de montar sobre el pegao.

El salmón lo encuentras en distintas variedades dependiendo del tipo de agua del que viene. Los hay de aguas saladas y dulces y generalmente vienen de Canadá, Noruega, Alaska y el océano Pacífico. El color del filete va de rosado, hasta rojizo o naranja. Tiene más grasa que un pescado blanco y eso lo hace más sabroso para los amantes de este nutritivo alimento repleto de B12, Omega-3, niacin y fósforo. En tu pescadería de confianza, confiésale al vendedor que comerás el salmón crudo para que te dé el de mejor calidad que los cocineros llamamos *sushi grade*. Y lo quieres silvestre, que no provenga de factoría.

Mis arepas "Reina Pepiada"

30 minutos; 20 arepas pequeñas

Desde chica tengo obsesión con Venezuela. Así que de regalo de 15 años le pedí a mis padres que me llevaran de vacaciones a conocer el país. Y desde entonces mantengo un romance con sus carnes, sus quesos, sus chocolates, sus cafés y sobre todo, sus arepas. La típica "Reina Pepiada", una de las más famosas recetas de arepas, ha ido evolucionando, pero hoy día lleva cebolla y mayonesa. La mía es más light pues cambié la mayonesa por yogur griego y cociné la cebolla para hacerla más dulce y delicada. Puedes rellenarlas o servirlas con carne, queso, cerdo, algún guiso y hasta con plátano maduro frito. Incluso sustituir el pollo de la "pepiada" con atún en conserva es una opción fácil y saludable también.

LO QUE NECESITAS PARA LAS AREPAS:

1   taza de harina de maíz blanca precocida, masarepa
1   ¼ de taza de agua a temperatura entre ambiente y tibia
¾   de cucharadita de sal

LO QUE NECESITAS PARA EL RELLENO:

1   lb de pechuga de pollo finita y deshuesada
½   cebolla blanca picada pequeña
2   dientes de ajo enteros o en finas lascas
2   cucharadas de aceite de oliva extra virgen
1   aguacate maduro
2   cucharadas de yogur griego
2   cucharadas de cilantro fresco
Jugo de ½ limón
Sal y pimienta a gusto

LO QUE TIENES QUE HACER PARA EL RELLENO:

1. Sazona las pechugas con sal y pimienta y deja a un lado.

2. En una sartén a temperatura media-alta agrega el aceite de oliva y sofríe el ajo y la cebolla hasta que se ponga translúcida.

3. Añade el pollo y cocina por ambos lados sin que se pase de tiempo para que quede tierna. Si es fina, toma solo 5 o 6 minutos.

4. Después retira la cebolla, el ajo y llévalos a la licuadora o batidora de mano junto con el aguacate. Mezcla todo bien hasta que quede una salsa.

5. Sazona con sal y pimienta, agrega el yogur y deja a un lado.

6. Retira el pollo, desmenúzalo, mézclalo con la salsa de aguacate, agrega el cilantro, el jugo de limón, la sal y pimienta y deja a un lado en lo que haces las arepas.

LO QUE TIENES QUE HACER PARA LAS AREPAS:

1. En un tazón profundo, agrega la harina y poco a poco añade el agua tibia y la sal mientras remueves lentamente usando los dedos y manteniendo un movimiento circular. No dejes de mover para que no se formen grumos y hasta que se forme una mezcla sólida que no se te pegue a las manos.

2. Divide la masa en porciones iguales y comienza a darle forma de arepa pequeña, como de 2 pulgadas de circunferencia.

3. En una sartén, comal o plancha a temperatura media, coloca las arepas y deja cocinar por 4 o 5 minutos por cada lado. No trates de voltearlas antes para que no se peguen. Ellas mismas se van a despegar cuando estén listas para voltear; lo sabrás agitando la sartén.

4. Después de que se doren por el otro lado, retíralas, procede a montarlas, decorar y saborearlas.

 Decir Venezuela es pensar en arepas, aunque países como Panamá, Colombia o Puerto Rico, entre otros, también tienen otras versiones con el mismo nombre. Lo cierto es que ir a un puesto de arepas en Venezuela, donde las opciones para rellenarlas parecen infinitas, es uno de mis grandes gustazos. En el mercado busca en la sección de harinas una que diga masarepa o harina blanca de maíz precocida. Son fáciles de preparar, saludables y una divinidad para grandes y chicos. Rellenas como son tradicionalmente, con queso fresco o guayanés, o mi versión "mini" de una refrescante reina pepiada seguro que te van a gustar.

Tortitas de polenta de cilantro

15 minutos, el resto lo hace la nevera un día antes; 8 porciones

Córtala como si fueran papitas fritas gruesas, de forma cuadrada o rectangular y fríela o dórala en la sartén con aceite de oliva. Incluso mézclala con queso mozarella, cocínala y llámala ñoquis de polenta. Solas o con el hogao colombiano de la página 155, alioli, chimichurri, salsa rosa o mayoketchup, *está todo en tus manos. Si fuera por mí, yo siempre tendría un trozo en la nevera porque la verdad es que te puede sacar de más de un apuro. Te sugiero que no compres la polenta que ya viene formada en un envase al vacío pues aunque queda bien, no te permite agregarle el ajo y el cilantro. En ese caso tendrías que pasarle una brochita de aceite con ajo y cilantro por arriba luego de que la dores en la sartén.*

LO QUE NECESITAS:

1	taza de polenta instantánea
2	tazas de caldo de pollo (orgánico o fresco)
2	tazas de leche (entera o baja en grasa)
2	dientes de ajo picaditos muy finos
¼	de taza de cilantro fresco picadito muy fino
2	cucharadas de aceite de oliva extra virgen

Sal y pimienta al gusto

LO QUE TIENES QUE HACER:

1. En una olla a temperatura media-alta, agrega la leche y el caldo de pollo hasta que empiece a hervir.

2. Baja la temperatura a media-baja y echa la polenta lentamente mientras continuas batiendo para que no se formen grumos. Cocina por 5 minutos o hasta que esté más espesa que un puré.

3. Remueve del calor, añade el aceite, el ajo, el cilantro, la sal, la pimienta, mezcla bien y échala en un molde de hornear engrasado o antiadherente. Calcula para que la mezcla quede de 1" de alto.

4. Tápalo y ponlo en la nevera hasta el día siguiente para que agarre consistencia.

5. Al día siguiente, lo volteas en un picador y lo cortas para darle forma de tortita.

6. En una sartén o parrilla, a temperatura alta, agrega unas gotitas de aceite de oliva y dora bien por ambos lados hasta que esté crujiente y doradita.

7. Luego, a disfrutar.

Conocí la polenta en Argentina, es un tipo de harina de maíz pero polenta es su nombre de pila italiano. Esta harina es tan versátil que bien la puedes comer como desayuno, aperitivo o como acompañante de la comida. Los italianos la cocinan en agua o caldo y en una cazuela especial que llaman *paiolo*. La versión instantánea es rápida de preparar y perfecta para toda la familia. La puedes encontrar amarilla o blanca en la sección de harinas, pero fíjate que diga instantánea ya que la original tarda mucho más en cocinarse. La polenta es económica, sabrosa y una muy saludable alternativa para recargarnos de energía.

Albóndigas con ají dulce y queso manchego

30 minutos; 3 o 4 porciones como cena o muchas para compartir

Suena larga la receta pero es fácil de preparar y es un plato versátil para llevar a la mesa. De plato principal o de aperitivo en una fiesta con estas albóndigas serás la estrella. Si no tienes sofrito con ají dulce o los ajíes, usa un pimiento verde cubanelle sin semillas. El manchego lo puedes sustituir por queso mahón o, en último caso, con queso parmesano. Y si no te gusta el cilantro —¡te lo pierdes!—, te toca usar el perejil italiano. El secreto de unas buenas albóndigas es mezclar al menos dos tipos de carne para que la combinación de sabor y grasa aumente la experiencia en cada bocado. Una vez que le agarres el truquito, podrás crear tus propias versiones, incluso prepararlas con cordero. Solas, con pan, en pasta o con arroz, como le gustan a mi madrina Mercedes, son una exquisitez.

LO QUE NECESITAS PARA LAS ALBÓNDIGAS:

1   lb de carne mixta (res, ternera y cerdo)
¼   de taza de queso manchego
3   cucharadas de leche entera
1   huevo entero
Migas de ½ pan *baguette*
3   dientes de ajo frescos, picados pequeños
1   cucharada de cilantro fresco, picadito

LO QUE NECESITAS PARA COCINARLAS Y PARA LA SALSA:

½   taza de aceite de oliva extra virgen (o más, de ser necesario)
1   lata de 14.5 oz de tomates pera o 5 tomates pera frescos
½   cebolla blanca picada muy fina
3   dientes de ajo frescos picados en rodajas finas
2   cucharadas de cilantro fresco, picadito
1   ají dulce picadito muy fino o 1 cucharadita de sofrito con ají
Sal y pimienta al gusto

LO QUE TIENES QUE HACER:

1. En un tazón profundo echa la leche, añade el pan y déjalo reposar hasta que el pan absorba el líquido.

2. En otro tazón mezcla las tres carnes, el huevo, el ajo, el cilantro, el queso, la sal, la pimienta y mezcla bien con las manos.

3. Agrega la leche y el pan. Una vez que estén todos bien mezclados, forma las albóndigas con las manos y ve poniéndolas en un plato.

4. Sofríelas por 1 o 2 minutos, hasta que se doren, en aceite de oliva a temperatura media-alta. Retíralas del fuego y déjalas a un lado.

5. En la misma sartén, sofríe el ajo y la cebolla hasta que esté transparente y tierna.

6. Añade los tomates, el sofrito o ají y sofríe por 5 minutos antes de añadir las albóndigas.

7. Tapa la sartén y cocina a temperatura media por 10 minutos.

8. Rectifica de sal y pimienta, prueba, agrega el cilantro, mezcla y sirve.

 España llevó a México la pasión por los quesos. Tanto así que hay un queso llamado tipo manchego en México pero que en nada se parece al verdadero queso manchego español. El español es de oveja de raza manchega y con denominación de origen de la zona de La Mancha. Es firme, graso, no derrite bien, tiene una maduración mínima de un mes y una curación de 6 a 18 meses, y con un vaso de vino tinto y un trozo de jamón español no tiene precio. El mexicano es de leche de vaca, suave, con sabor mantequilloso, no se añeja y derrite muy bien, por eso es perfecto en molletes y quesadillas. Ambos son deliciosos pero ten en cuenta la diferencia para no arruinar las recetas.

Steak de atún con gremolata de cilantro

20 minutos; 2 personas o varios para compartir

Esta chulería la puedes servir de aperitivo o hasta de cena ligera en una noche romántica. Puedes servirlo solo, sobre tostadas de maíz, cocas españolas, tostones o hacer unas homemade chips con la tortilla que usas para disfrutar en burritos o wraps. Pártelas y fríelas por 1 o 2 minutos hasta que estén doradas y crujientes. Una pizca de salsa de soya baja en sodio no le va mal, pero cuidado con que no se te pase de sal toda la receta. Un vino blanco de uva sauvignon blanc de Sancerre en Francia o de marlborough en Nueva Zelanda, un torrontes de la Argentina o un albariño de las Rías Baixas en España y hasta un cava delicado, le sentará perfectamente bien a cada bocado.

LO QUE NECESITAS PARA EL ATÚN:

1   lb de atún fresco, grado *sushi*
Aceite de girasol o de oliva extra virgen
Pizca de sal y pimienta

LO QUE NECESITAS PARA LA GREMOLATA:

⅓   de taza de cilantro, picadito
½   taza de aceite de oliva extra virgen
Cáscara de un limón, pelada suavemente y picada
      muy fina
4   dientes de ajo picados muy finos
Pizca de sal y pimienta

LO QUE TIENES QUE HACER:

1. Limpia el atún con agua fría y sécalo bien con papel toalla.

2. Humedécelo con los dedos con un poco de aceite y sazónalo con sal y pimienta.

3. Calienta una sartén de teflón o de hierro, a temperatura alta con 1 o 2 cucharadas de aceite, y cuando esté bien caliente, agrega el atún y cocina por 1 minuto por cada lado. Recuerda sellar también los bordes con ayuda de unas pinzas.

4. Retira del calor, ponlo en un plato y lleva a la nevera a que se enfríe unos minutos mientras haces la gremolata.

5. En una sartén a temperatura media-alta agrega el aceite de oliva, el ajo y sofríe por un minuto.

6. Agrega la cáscara del limón picada y cocina por un minuto más, retira del calor.

7. Agrega el cilantro, una pizca de sal y pimienta y deja a un lado. Este proceso tiene que ser rápido para que no se te queme ningún ingrediente y todos conserven su aroma y sabor delicado.

8. Luego corta el atún en finas lascas y sirve frío con una pizca de gremolata por arriba.

 Para respetar y valorar esta hermosa bestia marina hay que leer mucho, verlo en directo y conocer la cultura de los pueblos que viven de él. Gracias a Ángel León, conocido como el "chef del mar", tuve la dicha de visitar Barbate, un pueblo andaluz donde cada año, usando un método de captura milenaria llamada la almadraba, los japoneses van a capturar y controlar el precio y la calidad del atún rojo, y de eso depende el precio de su carne mundialmente. Solo probando una buena calidad de atún y uno verdaderamente fresco, entiendes que lo que estamos acostumbrados a comer no es de buena calidad. En este caso no podemos escatimar en precio si queremos vivir una genuina experiencia. En la página 148 te sigo hablando de esto.

Puré de coliflor

20 minutos; 2 o 3 personas o para compartir

Mi amiga y fantástica actriz Karla Monroig ama esta receta con unas gotitas de aceite de trufas de buena calidad. Este puré va perfecto con pollo, pescado, camarones, carne y hasta lo puedes servir como sopa licuándola con más leche. Pero no te limites a esta receta, y la próxima vez añádele zanahoria o zucchini. También puedes cocinar la coliflor a la plancha, asada, hervida, cortada en filetes y salteada o en ensalada. La puedes hasta rallar o triturar en el procesador, mezclarla con hierbas u otros vegetales en una sartén con aceite, ajo y cebolla tierna y servirla como si fuera un arroz o un cuscús. Si eres de los que busca ingredientes sin gluten, existe hasta una masa para pizza a base de coliflor.

LO QUE NECESITAS:

1 cabeza de coliflor picadita muy fina, mejor si es orgánica
2 tazas de leche (puedes usar leche sin lactosa y no cambiará su sabor)
1 cucharada de mantequilla sin sal (de barra)
Sal y pimienta al gusto
Unas gotitas de aceite de trufas blancas (opcional)

LO QUE TIENES QUE HACER:

1. Remueve las hojas de la colifor y pícala de forma que solo te quedes con las flores, cortadas, casi todas del mismo tamaño y descartando los tallos. Límpiala poniéndola en un colador bajo el grifo de agua.

2. Échala en una olla mediana con leche hasta cubrir toda la coliflor. Hierve por 20 minutos o hasta que la coliflor esté completamente suave y tierna.

3. Cuelas la coliflor y la pasas a la licuadora con la mantequilla y un poco de la leche caliente que usaste para hervir. Mezcla hasta que tenga la textura de puré.

4. Añádele sal, pimienta y sirve inmediatamente.

La coliflor es genial para los que medimos· lo que comemos y para los que no son muy amantes de los vegetales porque su sabor es parecido a la papa, pero mucho menos pesado. La coliflor es uno de los vegetales que contiene la menor cantidad de calorías y lo encuentras durante todo el año, aunque a principios de la primavera es cuando mejor está. Incluso la puedes encontrar de variedad *heirloom*, morada, naranja, amarilla y verde. Todas tienen el mismo sabor suave y, en ocasiones, ligeramente dulzón y cuanto más color, mayor el número de antioxidantes. La coliflor es una tremenda fuente de fibra, vitamina b6, ácido fólico y no contiene ni una pizca de azúcar.

Salsa de mi amado cilantro

5 minutos; para compartir

Todo el que me conoce sabe que amo el cilantro con todo mi corazón. En el patio de mi abuela no faltaba nunca ni el cilantro ni el culantro; este último es de hoja más larga, grande, ancha y con un sabor aún más fuerte que el cilantro. Si quieres guardar esta salsa en la nevera, en lugar de usar la taza de aceite de oliva completa, usa ½ taza de aceite de oliva y ½ taza de aceite de canola o girasol para que se mantenga líquida. Esta es una de esas salsas que hacen brillar cualquier plato, es fácil de hacer y va perfecta sobre pescado, camarones, vieiras, un filete, pechuga de pollo, o como salsa para unos tacos o sándwiches y hasta como aderezo para una ensalada. Esta misma receta de salsa la puedes hacer sustituyendo el cilantro por perejil italiano, cebollino, albahaca y hasta con zanahoria hervida.

LO QUE NECESITAS:

1   taza de aceite de oliva extra
    virgen
1   ramo de cilantro grande
Jugo de ½ limón (amarillo)
1   diente de ajo mediano
Sal y pimienta al gusto

LO QUE TIENES QUE HACER:

1. Lava el cilantro con agua, córtale una pulgada del tallo y déjalo a un lado.

2. En una licuadora o batidora de mano, agrega el aceite, el ramillete de cilantro, el diente de ajo y mezcla bien por 1 o 2 minutos hasta que esté bien procesado el cilantro.

3. Agrega el jugo de limón, la sal y la pimienta. Prueba y rectifica por si le hiciera falta un poco más de sal, pimienta, jugo o incluso más ajo o aceite.

 El cilantro es una de las especias más antiguas del mundo, se conoce desde la época de los egipcios y para mí es como el pan de cada día en muchas recetas hispanas y la que más nos une a los latinos. La Argentina, España y Brasil son quienes menos la usan aunque cada vez es más común dada su popularidad en la cocina del resto de Latinoamérica. Hay países que le llaman perejil mexicano o perejil chino por su similitud en color y forma con la hoja de perejil. Es muy usado en la cocina india, tailandesa y china, e incluso como planta medicinal, pues se dice que controla los niveles de azúcar, bajando el colesterol y ayudando a combatir inflamaciones.

Piquillos rellenos de carne y plátano maduro en hogao

25 minutos; 2 o 3 personas de cena o muchos para compartir

A mis padres esta receta les encanta con arroz blanco y salsa de cilantro. Pero si buscas librarte de las calorías, sirve sobre arúgula o lechugas con la salsa de cilantro de la página 83 como aderezo. Y si quieres la salsa más cremosa, usa crema half & half *en vez del aceite que lleva. Este plato es fácil, rápido de preparar y lo puedes hacer de cerdo, cordero o ternera. También puedes picar los pimientos, mezclarlos con la carne mientras se cocina y comerla en tacos, empanadas o hasta servirlo tipo* wrap, *pero usando una hoja de lechuga. Asegúrate de comprar carne de buena calidad, con 10 a 15% de grasa. Esta receta es perfecta de tapa, aperitivo o cena.*

LO QUE NECESITAS:

1   lb de carne molida de res, búfalo o cordero

8 a 10 pimientos de piquillo o pimientos morrones asados y enteros

1   plátano macho maduro

3   tomates pera, picados en cubos pequeños

¼   de taza de cebollines verdes cortados pequeños solo la parte verde (cebolla de cambray)

4   dientes de ajo grandes picados muy finos

¼   taza de aceite de freír

Sal y pimienta a gusto

LO QUE TIENES QUE HACER:

1. Pela y corta el plátano maduro en cuadritos pequeños y fríe en aceite a temperatura alta. Retira y deja escurrir en papel toalla.

2. En una sartén a temperatura media-alta, sofríe el ajo por 1 minuto, añade el tomate y sofríe por 5 minutos más.

3. Sazona la carne con sal y pimienta, agrégala y cocina por 8 minutos mientras la separas con una cuchara para que se cocine bien y no queden trozos pegados.

4. Agrega el cebollín, los plátanos, mezcla bien y cocina por 3 minutos más.

5. Rectifica de sal y luego empieza a rellenar cada pimiento.

No hay que ser español para valorar los pimientos de piquillo y querer comerlos en ensaladas, gazpacho, vinagretas, salsas, sopas, *mousse*, guisos, tapas, en un pincho de tortilla o anchoas, o rellenos de bonito, merluza, cangrejo, bacalao, carne o pollo. Los pimientos de piquillo son autóctonos de Navarra, España. Son pequeños, de 2" a 4" de largo, triangulares y de un vivo color rojo oscuro que enamora. Son tan valorados que tienen zonas protegidas para su cultivo. El sabor dulce se consigue mediante un proceso artesanal de recolección manual; se lavan, se asan en horno de leña y se envasan con aceite. Por suerte hoy los encontramos en la sección de conservas de la mayoría de los supermercados, en lata y en frasco de cristal. Hay varias marcas e incluso algunos cosechados fuera de su país de origen, como en Estados Unidos e Italia. Y aunque no sean los originales, nos sacan de la rutina.

Pico de gallo griego

10 minutos; para compartir

La ensalada griega es una ensalada rústica para compartir en familia, sobre todo cuando el calor invade nuestras vidas. Mi versión estilo pico de gallo es una manera más fácil y atractiva para aquellos que no comen algunos de sus ingredientes pues en su formato original los ingredientes van cortados bastante grande. De esta manera se mezcla mejor el sabor. La puedes servir en un almuerzo al aire libre o en una fiesta con baguette o pita. La receta después de preparada se conserva muy bien y la puedes saborear dentro de un wrap con pollo, mezclada con atún en conserva o servida bajo una pechuga de pollo, filete de salmón o pescado a la parrilla.

LO QUE NECESITAS:

2   tomates pera picados en cuadritos
1   pepino grande picado en cuadritos
½   pimiento verde picado en cuadritos
12 aceitunas negras kalamata, sin semillas y
    cortadas pequeñitas
½   cebolla roja picada en cuadritos
½   taza de aceite de oliva extra virgen
1   cucharadita de orégano o mejorana
Jugo de ½ limón
1   cucharada de perejil italiano fresco
3   oz de queso feta
Sal y pimienta al gusto

LO QUE TIENES QUE HACER:

1. Mezcla todos los ingredientes.

2. Lleva a la nevera para marinar unas horas o sirve inmediatamente. El queso feta es alto en sodio así que mejor prueba antes de echar sal y decide si verdaderamente necesita más o no.

España, Marruecos, Grecia y la Argentina hicieron que mi percepción de las aceitunas cambiara. Cuando vas a un restaurante o bar de una zona productora de aceite, la tradición es servir un plato de memorables aceitunas para disfrutar con el cóctel. La experiencia no se le acerca, ni por casualidad, a las que compramos en un frasco de marcas más comerciales. Si son para disfrutarlas solas, cómpralas por onza en mercados *gourmet* que tienen mejor calidad y más variedad. La kalamata, que lleva esta receta, es la aceituna negra más común y típica de Grecia, pero si tienes la suerte de encontrar la botija, que viene del Perú, es una muy buena opción como sustituta. Hasta puedes hacer un paté de aceitunas majándolas con un poco de aceite, ajo, orégano, limón, sal y pimienta hasta que se forme un puré.

Arroz con coco en dos versiones

20 minutos; 4 personas

Hay muchas versiones de arroz con coco: unas con cebolla, azúcar, coco rallado, aceite de coco, pasas y hasta con soda. El arroz con coco es un plato tradicional de Tailandia, Colombia y algunas islas del Caribe. Inclusive hay algunos isleños que le añaden pimientos rojos, verdes, algún chile picante y hasta frijoles (habichuelas) colorados o gandules, como hacen mis amigos de la República Dominicana. Espero que mis dos versiones te gusten, las aproveches para salir de la rutina de vez en cuando y luego te inspires para hacer tu propia versión.

Arroz con coco blanco versión tailandesa

LO QUE NECESITAS:

1 cucharadita de aceite de oliva extra virgen o de coco
3 tazas de arroz, grano largo o arroz jazmín
3 tazas de leche de coco, orgánica mejor
1 taza de agua
Sal al gusto

LO QUE TIENES QUE HACER:

1. En una olla a temperatura alta, agrega el aceite, el arroz y sofríe por 1 o 2 minutos.

2. Añade la leche de coco y el agua, sazona con sal, mezcla y deja hervir hasta que el agua se evapore.

3. Remueve, cubre con una tapa y cocina a fuego bajo por 15 a 18 minutos. ¡Y listo!

4. Puedes decorar con coco, cacahuate molido, cilantro o mango fresco.

Arroz con coco inspirado en Barranquilla

LO QUE NECESITAS:

3 tazas de arroz, grano largo o jazmín
5 tazas de leche de coco, orgánica o fresca
1 taza de agua
3 cucharaditas de azúcar
Sal al gusto

LO QUE TIENES QUE HACER:

1. En una olla a temperatura media agrega 2 tazas de leche de coco, el azúcar y deja reducir por 20 a 25 minutos o hasta que haya tomado un color marrón y se hayan formado partículas de coco. Incluso se quedará pegado al fondo de la olla, pero no te preocupes.

2. Añade el arroz y menea bien para que el arroz se mezcle con todo el fondo, pegao o cucallo, del coco.

3. Vierte la leche restante, el agua y la sal. Dale una probadita, deja hervir y que se evapore el agua.

4. Remuévelo todo, cubre con una tapa y cocina a fuego bajo por 15 a 18 minutos.

 En mi cocina el secreto de un buen arroz blanco o arroz con coco es usar arroz jazmín; un arroz que desprende esencia a flores y de ahí su nombre, cultivado en las montañas de Tailandia. Es de grano largo, blanco, fácil de conseguir, cocina a la perfección y termina con una textura en boca muy suave. Es un poco más caro que el arroz normal pero merece la pena. No hay excusa para no hacer esta receta. Y si a la hora de hacer las compras no encuentras el arroz, un buen substituto será el arroz basmati o cualquier arroz de grano largo.

Pico de gallo de frijoles

10 minutos, para compartir

Esta receta acompaña cualquier cosa: unos tacos, una ensalada de nopales o vegetales asados y hasta un pedazo de pollo o carne. Incluso, agregando piña, mango fresco y/o aguacate quedarás como un rey ante tu gente. La preparo mucho en casa con solo garbanzos o frijol blanco o mayocoba y la sirvo de ensalada con cualquier proteína y arroz blanco. Si te da el tiempo, es mejor hacerla en la mañana o el día antes de que la vayas a servir. Este pico de gallo es muy agradecido. Lo puedes tapar y refrigerar y te durará varios días. Si la quieres hacer estilo escabeche, duplica el aceite, sustituye el limón por ¼ de taza de vinagre blanco, agrega 2 o 3 hojas de laurel y pimienta fresca.

LO QUE NECESITAS:

1   lata de frijoles negros colados
1   lata de frijoles rojos, colados y lavados con agua
     para que no manchen
1   lata de frijoles blancos colados
1   lata de garbanzos colados
½   taza de cilantro picado muy fino
3   dientes de ajo picados muy finos
1   chile serrano, sin semillas, ni venas y picado
     muy fino
3   tomates pera picados muy finos
1   cebolla roja picada muy fina
Jugo de 1 limón o lima
Sal al gusto
1   taza de aceite de oliva extra virgen

LO QUE TIENES QUE HACER:

1. En un tazón profundo mezcla todos los ingredientes y deja reposar al menos 30 minutos en la nevera para que agarre más sabor.

2. Sirve con pan francés fresco o con tortillas de maíz.

El pico de gallo es como el chimichurri argentino, el ajicito ecuatoriano o el hogao colombiano: siempre está en la mesa para acompañar cualquier botana o plato principal. Una de las teorías del porqué de su nombre es por la forma en que va todo cortado que parece comida de gallo. Típicamente lleva cebolla blanca, tomate, cilantro, chile serrano o jalapeño y jugo de lima o limón. Hoy en día, hay quienes se ponen creativos y agregan maíz, semillas o frutas a esta "salsa", como le llaman en Estados Unidos. Así que yo me puse creativa y la mezclé con frijoles de todo tipo, y para hacértelo fácil lo mezclé con un poco de aceite de oliva para que ayude a marinar mejor.

Guineos con camarones en escabeche

30 minutos, el resto lo hace la nevera desde el día anterior; para compartir

Si eres como yo que prefiero cocinar todo fresco, compra los camarones frescos, límpialos y mientras las bananas se cocinan, ponlos en una sartén con aceite por 1 minuto por cada lado; retíralos del fuego para que los añadas al escabeche cuando ya hayan perdido calor. Este es un plato que no falta en ninguna cena navideña tradicional en mi país ni en ninguna "lechonera de campo". La receta original no lleva camarones y se sirven siempre como entremés, incluso mezclados con mollejas. Mi tía Eva Medina tuvo la idea de que con camarones lo convertía en un aperitivo muy chic. Solo tienes que prepararlos un día antes de que los vayas a servir para que en boca se sientan bien escabechados.

LO QUE NECESITAS:

15 guineos (bananas) bien verdes y peladas

1 lb de camarones medianos, limpios y cocidos

2 ½ tazas de aceite de oliva extra virgen

2 pimientos (rojo, verde, amarillo, naranja o mixtos) picaditos muy finos

2 cebollas blancas picadas muy finas

4 dientes de ajo enteros

½ cucharada de pimienta en granos

½ taza de vinagre blanco, vinagre de arroz o vinagre de vino blanco

6 hojas de laurel grandes

10 aceitunas rellenas

Cilantro fresco (opcional)

Sal al gusto

LO QUE TIENES QUE HACER:

1. En una olla profunda calienta agua con sal y echa a hervir las bananas peladas hasta que estén cocidas pero no muy tiernas para que no se te rompan.

2. Cuélalas, pásalas a un tazón profundo y añade un poco de aceite de oliva para que no se resequen y deja a un lado.

3. En una olla, vierte dos tazas de aceite de oliva y sofríe las cebollas, los pimientos, los ajos, la pimienta en grano, el vinagre y las hojas de laurel por 10 minutos a temperatura baja y luego deja a un lado.

4. Corta las bananas en rodajas de ½" y llévalas a un tazón grande con los ingredientes que dejaste en la sartén, los camarones, las aceitunas, el cilantro y la sal.

5. Mezcla bien y llévalos a la nevera hasta el día siguiente.

6. Sirve frío, solo o con pan.

El escabeche es un método español para conservar un ingrediente y alargar su vida. Para lograrlo siempre está presente el vinagre, el aceite y las hierbas aromáticas como el tomillo, el orégano, el romero, las semillas de pimienta o el laurel. Podemos escabechar camarones, vegetales, filete de pescado, atún fresco, pollo y... lo demás es cuestión de creatividad. Puedes usar vinagre blanco, vinagre de arroz, vinagre de vino blanco o vinagre de Jerez. Lo mejor del escabeche es que dura varios días en la nevera, en perfecto estado, así que en temporadas de fiestas es genial pues tienes algo rico y listo en la nevera.

Salsa de tomatillos verdes

20 minutos; para compartir

Si quieres hacer esta salsa aún más cremosa, puedes añadir medio aguacate cuando estés mezclando en la licuadora. Esta salsa es perfecta con chips *de maíz para picotear con invitados. También sobre enchiladas, en una lasaña, pasta, pollo, maíz, un filete de pescado o churrasco a la plancha, y hasta en tacos de carne, cerdo, pescado o camarón está sabrosísima.*

LO QUE NECESITAS:

1   lb de tomatillos, limpios
½   cebolla blanca mediana, picada en cuatro
4   dientes de ajo enteros
½   taza de cilantro
Sal y pimienta al gusto
¼   de taza de aceite de oliva extra virgen
½   chile serrano sin semillas ni venas

LO QUE TIENES QUE HACER:

1. Coloca los tomates en un plato de hornear con la cebolla, los dientes de ajo, el serrano y un poquito de aceite de oliva y hornea en *broil* por 15 minutos o hasta que algunas partes de la cebolla y los tomatillos se tornen negros. Si ves que el ajo o el serrano se hacen primero, los sacas antes.

2. Cuando estén todos los ingredientes listos, retíralos del horno y llévalos a la licuadora con el cilantro y un poquito de agua.

3. Mezcla bien y ve agregando poco a poco el resto del aceite de oliva para que tome mejor consistencia. Hay veces que los tomates tienen más agua que otras, si necesitas agregar más agua o aceite, bienvenidos sean.

4. Termina con sal y pimienta al gusto y sirve con *chips*.

Hablar de tomates de cáscara o tomatillos es hablar de México. Visualmente es una explosión de color y para el paladar es un sabor muy particular. Son un poco amargos, así que siempre tienes que mezclarlos con algo más para equilibrar su encanto en boca. Ya se ven en casi todos los supermercados y cada vez los veo en más y más países. Hasta en España y en Puerto Rico los encuentro. Cuando los compres asegúrate que estén firmes y cubiertos de su cáscara. Cuando vayas a utilizarlos, quítales la cáscara y lávalos con agua para eliminar la capa pegajosa que los cubre. Entonces los procesas o los pones a asar para conseguir un sabor más delicado. Los que no uses, consérvalos en la nevera.

Molletes con doble nacionalidad

15 minutos; cuantos quieras

En España también se le agrega jamón serrano, ibérico o de bellota por encima; en la zona de Cataluña en particular, se le frota un diente de ajo al pan antes de frotar el tomate. En algunos restaurantes catalanes en España tienen los ingredientes sobre la mesa para que los prepares tú mismo. Es inevitable revivir mis viajes mientras te cuento sobre ellos. Hagas la versión mexicana o la española, para grandes o chicos es tremendo desayuno, aperitivo o almuerzo. Los puedes picar más pequeños, incluso de forma cuadrada para que luzcan modernos y más elegantes. No dudes en que para grandes y chicos es tremendo aperitivo o almuerzo.

LO QUE NECESITAS PARA LOS MOLLETES DE ANDALUCÍA:

Molletes o *baguette* pequeño fresco

1   tomate pera por mollete, orgánicos o *heirloom*, cortados por la mitad. Maduro para que se ralle bien.

Aceite de oliva extra virgen, de buena calidad

LO QUE NECESITAS PARA LOS MOLLETES DE GUADALAJARA:

Bolillos o *baguette* pequeño

Frijoles pinto o negros machacados

Queso tipo manchego mexicano (no es Manchego español) o mozarella

Pico de gallo (tomate, cebolla blanca, cilantro y jugo de limón)

LO QUE TIENES QUE HACER PARA LA VERSIÓN ESPAÑOLA:

1. Tuesta el pan y sobre la parte tostada raspas el tomate para que cubra como una capa de puré. Le añades un chorrito de aceite de oliva y a comer.

LO QUE TIENES QUE HACER PARA LA VERSIÓN MEXICANA:

1. Agrega los frijoles, una fina lasca de queso y hornea hasta que se derrita.

2. Retira del horno, agrega el pico de gallo y disfrutar.

¡Ay, el mollete! Su preparación es bastante básica, tiene un bajo contenido de grasa y cumple a la perfección con la dieta mediterránea. En varias provincias de España es un desayuno clásico; con manteca de cerdo colorada con pimentón, blanca o con tomate rallado y aceite de oliva, eso y un café es un desayuno andaluz. En uno de mis viajes me tocó desayunar en España, tomar avión y horas más tarde, a mi llegada a Guadalajara, México, volver a desayunar. Para mi sorpresa, me ofrecieron bolillo: una especie de mollete pero un poco más dulce y con frijoles, queso tipo manchego y pico de gallo. Eso es un mollete mexicano, incluso a veces le ponen chorizo. Créeme que no hay nada más sabroso que dejarse llevar por la cultura de un país. Los dos molletes casan a la perfección, con unos huevitos en la mañana o de aperitivo al almuerzo o cena.

Arañitas de plátano

15 minutos; 6 a 8 porciones aproximadamente

Las mejores arañitas las hacía mi abuela Guelín. Desde muy chica me las preparaba de aperitivo para entretenerme mientras ella terminaba de cocinar la cena. Quizás por eso siempre las asocio más como aperitivo que como acompañante. Las puedes servir con un sinnúmero de salsas: un simple mojo de ajo machacado, sal, aceite de oliva y perejil, un alioli de cilantro o la salsa rosada que hacemos en Puerto Rico que lleva mayonesa, ketchup *y ajo machacado. De mil en cien este pecadito culinario no sienta nada mal.*

LO QUE NECESITAS:

1   plátano grande bien verde
Aceite de canola o girasol para freír
Sal
Ajo en polvo

LO QUE TIENES QUE HACER:

1. Pela el plátano, preferiblemente debajo del agua del grifo para que sea más fácil.

2. Ralla el plátano en un guayo o rallador y agrégale una pizca de sal y ajo en polvo, o adobo, para darle gusto.

3. Con una cuchara o con las manos, forma cada porción, sin apretar mucho, y échala inmediatamente a freír. Asegúrate de usar una olla con bastante aceite caliente, para que se cubran bien y se frían mejor. No las muevas inmediatamente, espera a que se doren bien y luego las volteas.

4. Una vez que estén bien doradas y crujientes, sácalas y déjalas escurrir en un plato sobre papel toalla antes de servir.

Las arañitas son única y exclusivamente un plato puertorriqueño. Se hacen con plátano o plátano macho, como se le conoce en México y España, y aquí hablo del plátano grande, no del que se come como fruta en el desayuno. Para esta receta, al igual que si vas a hacer mofongo o tostones, el truco es que el plátano esté bien, bien verde. Así te aseguras de que su sabor sea salado y no dulce, que salgan crujientes y sin absorber grasa de más. Una sola sombra amarilla o negra es señal de que ya está maduro. Recuerda que el plátano se conserva verde en la nevera pero después es más difícil de pelar.

Pita *pizza* Margarita

15 minutos; 1 persona

Se vale todo en esta receta. Cuando la hago suelo buscar en la nevera algo que tenga de días anteriores; pedazos de pollo, cerdo, ternera, incluso frutas como higos, quesos de diferentes clases, pimienta roja, arúgula, piña, jamón y hasta camarones con cilantro y ralladura de limón. Cocina recetas saludables y divertidas, con productos frescos y educa así el paladar de tus chiquitos. Invítalos a preparar esta pizza *y así van cosechando el amor por la cocina. El evento de colocar el queso y los tomatitos volverá locos a los chicos. Esta receta la puedes hornear e incluso hacer a la parrilla o en el BBQ.*

LO QUE NECESITAS:

1   pan pita o de cualquier estilo similar (blanco o integral)
2   oz de queso *mozzarella*
3 o 4 tomates *cherry* picados en rodajas finas
2 o 3 hojas de albahaca fresca picada o entera
1   cucharadita de aceite de oliva extra virgen
Una pizca de orégano seco

LO QUE TIENES QUE HACER:

1. Precalienta el horno a 375 ºF.

2. En un molde para hornear coloca el pita y, con una brochita, humedece la parte de arriba con aceite de oliva.

3. Añade el queso, los tomates, el orégano y lo llevas al horno por unos 8 minutos, o hasta que esté crujiente y el queso derretido.

4. Antes de servir añade la albahaca fresca y listo.

Saca de tu vida las *pizzas* congeladas y las de restaurantes de cadenas que solo aportan grasa, sodio, conservantes, y de paso elimina las salsas procesadas de frasco. Puedes usar la masa de *pizza* que ya viene lista para amasar pero es más fácil comprar pan árabe o griego, mejor conocido como pan pita, incluso el chapati o naan de la India, o el lavash de Oriente, similar al Rghaif, un *flatbread* marroquí que probé acabado de salir del horno en Marruecos, África, en uno de los viajes más hermosos de mi vida. Los panaderos de esos países son unos artesanos, por eso hay tantos estilos. Cuanto más fino sea, más crujiente y menos tiempo necesitará en el horno o parrilla. Si lo prefieres, muchos de ellos vienen de masa integral así que simplifica y aprovecha que la mayoría son bajos en calorías y grasas.

Salsa huancaína

15 minutos, para compartir

Si no encuentras el ají fresco, usa el congelado que se encuentra más fácilmente. Por suerte Ecuador lo usa también, así que ellos no tienen problema. Pero yo que cocino en cada viaje, lo encuentro en Puerto Rico, la Argentina, España, muchísimas ciudades de Estados Unidos y hasta me he topado con él en México. El puré que viene en frasco no está blanqueado sino en su estado natural, así que puedes agregar 1 o 2 cucharadas en sustitución del ají, pero recuerda que te saldrá muy picante. Con esta salsa puedes hacer un tiradito, un cebiche, pasta o comerla con papas hervidas y yuca frita o hervida. Siempre que vayas a freír yuca, recuerda hervirla primero para cocinarla un poco y que te quede más tierna. Si consigues el ají, blanquéalo todo, pícalo y guárdalo en un tazón de cristal en la nevera. Esta salsa te dura 3 días en la nevera; si cambia la consistencia, agregas un poco más de leche y mezcla nuevamente.

LO QUE NECESITAS:

1   cucharada de aceite de girasol o canola (para sofreír)
2   dientes de ajo picaditos muy finos
½   cebolla blanca picada muy fina
6   ajíes amarillos, limpios y blanqueados
5   oz de queso fresco (queso de hoja)
1   taza de leche evaporada o leche regular entera
5   galletas de soda (si, de soda, es el secreto de las abuelas peruanas)
¼   de taza de aceite de girasol
Sal al gusto

LO QUE TIENES QUE HACER:

1. En una sartén a temperatura media, agrega el aceite, el ajo, la cebolla y sofríe hasta que la cebolla esté translúcida.

2. Agrega el ají amarillo y sofríe por 2 minutos más.

3. Transfiere todo a la licuadora e incluye el queso, la leche, las galletas y bate por 2 minutos.

4. Con cuidado, agrega lentamente el aceite mientras sigues batiendo para lograr que la salsa se ponga espesa.

5. Añade sal al gusto y bate unos segundos más.

El chef Gastón Acurio puso de moda la cocina peruana en todo el mundo y ahora todos queremos saborearla y cocinarla. El ají amarillo es el abanderado de esta cocina. Lo encuentras fresco, congelado o en puré que cada vez es más común. Es un chile de color naranja, muy picante, que aporta mucho sabor y pinta de color amarillo cualquier receta. Para saborearlo y hacerlo menos picante, cómpralo fresco o congelado y lo blanqueas, limpiándolo, desvenándolo y retirando sus semillas. Después lo echas en agua hirviendo por un minuto, cambias el agua y cuando vuelva a hervir lo hierves por 1 minuto más. Repite una tercera vez si deseas que no pique casi nada. Este ají antes de madurar se llama ají verde, y está fresco; cuando se seca en campos bajo el sol se llama ají mirasol, y es menos picante.

Cóctel de camarones en crema de chipotle y cilantro

10 minutos; 4 porciones

Una receta sexy, *afrodisíaca y muy fácil de preparar ya sea para una cena romántica o para hacer mucha cantidad y servirla en una fiesta con amigos y familia. Si no te gusta el chile chipotle, usa cualquier otro tipo de chile como pasta de ají panca, ají amarillo peruano y un poco de chile en polvo o* curry *también le sentará bien. Si no eres amante de los chiles, prepara el alioli de la receta de arañitas de plátano de la página 98. Lo importante es salir de la rutina y sorprender a todos con recetas que, aunque simples, serán tema de conversación.*

LO QUE NECESITAS:

20 camarones, frescos y cocidos

8   oz de crema mexicana, *half and half* o *crème fraîche*

2   cucharadas de chipotle en adobo

1   diente de ajo

Jugo de ½ naranja

Jugo de ½ limón

2 o 3 ramas de cilantro fresco para la salsa

5 o 6 hojas de cilantro para decorar

Sal y pimienta al gusto

LO QUE TIENES QUE HACER:

1. Si compras los camarones crudos como yo, simplemente los pelas y limpias haciéndoles una pequeña incisión a lo largo, por arriba y por abajo, para remover la venita negra.

2. Cocínalos en agua caliente por 2 o 3 minutitos, hasta que estén rosaditos y cocidos y los sirves fríos en el cóctel.

3. Si los compras ya cocidos y limpios, solo tendrás que lavarlos y servirlos.

4. Para la crema de chipotle, mezcla la crema, el chipotle, el ajo, el jugo de naranja, el de limón y las 2 o 3 ramitas de cilantro en la licuadora y listo.

5. Luego sirve en una copa con los camarones y decora con más cilantro fresco.

 El chile chipotle también se conoce como chile ahumado o chile de mole. Es el chile jalapeño seco y ahumado, de piel arrugada y en tonalidades que van del rojo oscuro hasta, en ocasiones, casi color café. Si no tienes mucha tolerancia al picor mejor, úsalo con cuidado pues es uno de los chiles más picantes. En México se encuentran secos, y con ellos puedes hacer adobados, guisos, salsas y escabeches. En Estados Unidos y otros países del Caribe y Latinoamérica se consigue con más frecuencia enlatado y en adobo, o sea, en una salsa con otros ingredientes molidos que lo complementan y facilitan su uso. Aunque no seas amante del pique, con moderación, es un encanto.

Caponata latina

20 minutos; 4 porciones o suficiente para compartir como entremés

En esta caponata *sustituí algunos ingredientes por aquellos que son de tierras hispanas. El secreto está en prepararlo en la mañana o el día antes para que todos los sabores se mezclen y agarre buen color. El piquillo lo puedes sustituir por pimientos rojos o morrones de lata o frasco y el vinagre de jerez por* sherry, *del que te hablo en la página 120. Las botijas son aceitunas negras peruanas pero puedes usar kalamatas también. La miel de agave la puedes sustituir por miel o azúcar de caña. Si no encuentras el serrano usa pimienta negra o roja y la albahaca es perfecta en lugar del cilantro. Sirve como acompañante a cualquier proteína, como plato principal si eres vegetariano o como* antipasto *para una fiesta con pan fresco o galletitas.*

LO QUE NECESITAS:

- 2 lb de berenjena, fresca
- 1 cebolla roja mediana
- 3 tomates pera
- 10 aceitunas negras botija, sin semilla, cortadas a la mitad
- 3 pimientos de piquillo
- 1 chile serrano pequeño, sin venas, ni semillas y bien picado
- 2 dientes de ajo, frescos, picados muy finos
- 2 cucharadas de vinagre de jerez (*sherry*)
- 2 cucharadas de miel de agave
- ½ taza de aceite de oliva extra virgen
- 1 cucharada de cilantro fresco
- Sal y pimienta al gusto

LO QUE TIENES QUE HACER:

1. Pica la berenjena, con cáscara y todo, en cuadritos de un poco menos de una pulgada.

2. Agrégale sal y deja a un lado.

3. Corta la cebolla, los tomates y pimientos en igual proporción al tamaño de la berenjena.

4. En una sartén a temperatura media-alta, agrega el aceite de oliva y sofríe el ajo por un minuto.

5. Agrega el serrano y sofríe por un minuto más mientras vas removiendo.

6. Añade la cebolla y sofríe hasta que se ponga tierna y luego agregas el tomate, la berenjena y sofríe por cinco minutos más o hasta que la berenjena se cocine. Continúa removiendo para que no se pegue.

7. Cuando la berenjena esté cocida, agrega los pimientos, las aceitunas, el vinagre, la miel y mezcla bien.

8. Añade sal, pimienta al gusto y prueba de sal.

9. Echa el cilantro y retira del calor.

10. Ya está listo para comer caliente o en cuanto pierda temperatura lleva al refrigerador para luego servir frío sobre una tostada de pan o galleta salada. Te aseguro que al día siguiente sabrá muchísimo mejor.

 Una típica receta italiana y famosa en la cocina siciliana. Es como un *ratatouille* o pisto, en otras palabras, un salteado de verduras para comer frío o caliente. Lo preparo en fiestas, y fue con esta receta como descubrí el miedo que muchos tienen a preparar la berenjena. Es un vegetal que se deja cocinar fácilmente. Cómprala que luzca brillosa, lisa y de piel firme. Hay muchas variedades, según la época. Guárdala en la nevera y cuando la vayas a preparar, lávala, córtala en pedazos pequeños y saltéala con lo que gustes o la picas solo en dos, le agregas sal, pimienta y aceite de oliva por la cara que la cortaste, la pones en una bandeja y la horneas para hacer puré o sopa.

Arroz verde de espinaca

25 minutos, 4 o 5 personas

Este arroz es un clásico en mi casa con el churrasco borracho de la página 188, pero igual hace buena pareja con un pollo a la plancha, a la parrilla o al ajillo, un pescadito a la plancha o al horno y hasta con unos camarones o en salsa, a la criolla o a la diabla. Esta es la receta perfecta para quedar bien ante una visita, salir de la rutina o darle a tus niños la espinaca que quizás no se quieren comer en una ensalada. Te aseguro que lucirás bien y convencerás de cocinarlo a todo el que lo pruebe.

LO QUE NECESITAS:

3   tazas de arroz grano largo o mediano

3½ tazas de agua

1   bolsa o manojo de espinaca fresca, limpia y mejor si es orgánica (puede ser *baby spinach*)

1   cebolla blanca picada muy fina

6   dientes de ajo picados muy finos

2   cucharaditas de aceite de girasol o aceite de oliva extra virgen

Sal al gusto

LO QUE TIENES QUE HACER:

1. Este arroz se hace exactamente igual que un arroz blanco. Lo único es que en vez de echarle agua normal al arroz, le vas a echar agua verde con todo el valor nutritivo de la espinaca. Lo que significa que vas a echar la espinaca con las 3½ tazas de agua en la licuadora, la cuelas y dejas a un lado.

2. En la olla que usas para hacer arroz, agrega el aceite, en temperatura media-alta, el ajo y la cebolla.

3. Una vez la cebolla haya sudado y esté bien tierna procedes a echar el arroz y lo mueves todo bien.

4. Inmediatamente agregas el agua verde, mezclas, agrega sal al gusto, mezclas y esperas a que hierva y el agua se evapore.

5. Lo revuelves bien, lo tapas y lo dejas a temperatura baja por 15 a 17 minutos.

6. Lo revuelves una vez más, verificas que esté en su punto y listo.

 Favorita de Popeye y familia directa de la remolacha (betabel). Hay tres tipos, por eso unas son más o menos dulces o crujientes. Entre sus valores están el de regalarnos mucha energía, mejorar la calidad de nuestra sangre, ayudar en la prevención del cáncer, llenarnos de vitaminas K, C y B12, carotenos, ácido fólico y magnesio. Cuando la compres, que se vea viva, bien suelta, bien verde y sin rastros de humedad. Guárdala sellada en la nevera pero que queden sueltas sus hojas para que te duren en buen estado de 3 a 5 días. Límpiala bien y prepara en ensaladas como la de la página 115, sopas, salsas como la de la página 145. También puedes hervirla por 30 segundos, luego la llevas a un tazón de agua fría con hielo. Después la sofríes por 1 minuto con aceite, ajo, unas gotitas de limón, sal y pimienta.

Tortilla de patata

20 minutos; para compartir

En casi todos los países de habla española se conoce este plato. Mi abuela me la hacía de plátano maduro y chorizo como cena. En su país de origen la he comido de chorizo, espinaca, setas, pimientos verdes, pimientos de piquillo y hasta de sesos de cerdo y sesos de cordero, como la que mi amiga Paloma y su hermano Marcos me llevaron a comer en Granada. La he disfrutado de tapa, montadito, como desayuno, almuerzo y hasta con jamón serrano o de bellota por arriba. Imagínate que hay concursos en diferentes partes de España para premiar las mejores. El secreto está en no cocinarla de más para que quede húmeda y, claro está, usar los mejores ingredientes: preferiblemente huevos orgánicos, una cebolla fresca y un aceite de oliva de calidad. La simplicidad y la calidad pueden ayudarte a cocinar la mejor tortilla del mundo.

LO QUE NECESITAS:

- 8 huevos
- 6 papas amarillas o papas *russet* medianas, peladas y cortadas en finas en rodajas
- 1 cebolla blanca, pelada y picada muy fina
- ¾ de taza de aceite de oliva extra virgen, de buena calidad
- 1 diente de ajo picado muy fino
- 1 guindilla (opcional)
- Sal al gusto

LO QUE TIENES QUE HACER:

1. En una sartén mediana a temperatura media-alta, agrega el aceite, la cebollas, la papas, el ajo, la guindilla, un poco de sal y cocina hasta que la papa esté tierna, revolviendo de vez en cuando para que todo se cocine bien.

2. Mientras, en un tazón, bate los huevos, agrega una pizca de sal y cuando las papas estén listas, escúrrelas y reserva el aceite y descarta la guindilla.

3. Una vez que pierdan un poco de calor, agrégalas con las cebollas al tazón de los huevos y mezcla suavemente sin romper la papa.

4. En la misma sartén que cocinaste las cebollas, añade un poco del aceite que reservaste, calienta a temperatura media-alta y agrega toda la mezcla, esparciendo los huevos y la papa para que se distribuyan bien.

5. Baja la temperatura a media-baja y cocina unos 5 a 7 minutos por el primer lado.

6. Luego, con la ayuda de un plato plano más grande que la sartén, la volteas y la deslizas para llevarla a la sartén nuevamente; dale forma con la espátula si se te parte o se sale un poco de papa, y cocina por 4 minutos más por el otro lado.

7. Sirve y disfruta con pan fresco.

La guindilla es un tipo de chile de la misma familia de los peperoncinos italianos, que se usan en la Argentina, y del chile piquín o pelquin, de la cocina tex-mex de Nuevo México. La variedad de guindilla verde, alargada, que se comen curtidos o frescos, no pica, es más bien dulce y se come en Grecia y España; la variedad de guindilla de la que te hablo pica mucho, pero a la vez aporta un sabor increíble. Pica, pero si lo usas con cuidado, me darás la razón. No es un ingrediente típico de la tortilla pero si de la salsa pil-pil del País Vasco y de los camarones al ajillo de la página 191. La guindilla seca es ligeramente comparable al chile de árbol de México; úsalo como sustituto si gustas.

Ensalada de pasta *caprese*

20 minutos; 6 personas

Esta pasta te hará lucir muy bien sin pasar mucho trabajo. Permíteme decirte que lo que sobre, si sobra, al otro día sabrá mejor. Puedes servirla sola o con pechuga de pollo, camarones, atún, anchoas o sardinas de conserva. Lo esencial es tener el mejor tomate que puedas conseguir, y si quieres, añádele la ralladura de un limón. Lo que sí no puedes sustituir es la albahaca fresca pues con la seca no te quedará bien. Si no encuentras la bola entera de queso mozarella, usa las chicas que vienen también en agua; son del tamaño de los tomates cherry, conocidas como bocconcini, o sustituye por cualquier queso fresco, queso de hoja o, si eres venezolano —y con respeto de los italianos, ¡bendito sea!—, no dudes en añadir un poco de queso guayanés.

LO QUE NECESITAS:

1   lb de pasta *rigatoni*
3   dientes de ajo picados muy finos
20 tomates *cherry*, 3 *heirloom* o estilo pera (mejor orgánicos), picados
5   oz de queso *mozarella*, fresco del que viene en agua, picado en trozos pequeños
2   oz de albahaca fresca (más o menos 25 a 30 hojas)
Queso parmesano *reggiano* rallado al gusto
½   taza de aceite de oliva extra virgen
Sal y pimienta al gusto

LO QUE TIENES QUE HACER:

1. En un plato hondo une los ajos, el aceite, el queso *mozarella*, los tomates, la albahaca y déjalos reposar en la nevera mientras cocinas la pasta.

2. Prepara una olla con suficiente agua a temperatura alta y cuando hierva agrega sal, la pasta y agita bien con una cuchara.

3. Deja que hierva por 10 minutos o hasta que esté al *dente*; cuélala y sírvela en un plato grande y profundo.

4. Échale por encima todos los ingredientes que has dejado reposar y mezcla bien.

5. Añade el queso parmesano y disfruta de cada bocado.

 Un plato napolitano, de la isla de Capri y conocido en Italia como *insalata caprese*. De hispano no tiene nada pero estoy segura de que la has visto o escuchado, y que te va a encantar. Es uno de los platillos más fáciles de preparar que existe, pero la calidad de cada ingrediente tiene mucho peso pues es simple, fresca y el valor de cada uno es lo que llevas a tu boca. El tema de agregar la pasta fue ya una idea mía, que estoy segura de que te gustará. Si quieres sorprender aún más, compra un vinagre balsámico que haya sido añejado en barril o diga *Aceto Balsámico* y redúcelo siguiendo los pasos que te cuento en la página 116. Agrega la reducción por arriba para una experiencia dulce que transformará esta clásica ensalada.

Ensalada de quinoa, gandules y plátano maduro

20 minutos; 2–4 porciones de cena o mucho para compartir

Mis viajes me han llevado a enamorarme más de una vez y me refiero a la infinidad de comidas que he conocido por el mundo y que de una manera u otra he incorporado a mi vida. Así me pasó hace muchos años cuando descubrí la quinoa. Y un día de puro antojo, hice el casamiento con los gandules mientras grababa uno de mis programas en la Argentina. Desde entonces entendí que hacen tremenda pareja, y con la sazón de mi abuela Guelín para este tipo de ensaladas, mejor todavía. Esta ensalada la puedes servir sola o acompañada de alguna proteína, fría o caliente, incluso puedes sustituir los gandules por lentejas, garbanzos o cualquier otro frijol, fruto seco, hierbas o especias. Este grano es tu oportunidad de ponerte creativo en la cocina.

LO QUE NECESITAS:

1 taza de quinoa blanca o perlada

1 plátano maduro, pelado y cortado en cubitos

16 oz de gandules cocidos, sin agua

1 aguacate, pelado, sin semilla y picado en cubitos

2 tazas de caldo de pollo, vegetal o agua

¼ de cebolla roja picada muy fina

4 oz de pimientos morrones con su jugo o 4 pimientos de piquillo

½ pimiento verde o *cubanelle* picado muy fino

¼ de taza de aceite de oliva extra virgen

2 dientes de ajo picaditos muy fino

¼ de taza de cilantro picadito fino

Jugo de 1 limón

Sal y pimienta al gusto

Aceite de freír

LO QUE TIENES QUE HACER:

1. En un tazón profundo mezcla los gandules, la cebolla, los pimientos, el ajo, el cilantro, el jugo de limón, un poco de aceite de oliva, sal, pimienta y lleva a la nevera.

2. Lava la quinoa poniéndola en un colador debajo del grifo de agua y enjuágala por 30 segundos. Luego, en una olla a temperatura media-alta, echa una cucharadita de aceite y sofríe la quinoa por unos segundos.

3. Agrega el caldo o agua y sal, aumenta la temperatura y cuando hierva, baja la temperatura, lo tapas y lo dejas cocinar por unos 10 a 12 minutos. Sabrás que está listo porque se le formará un "anillo" a las semillas y verás que los granos se tornan algo translúcidos.

4. Retíralo del fuego, pónlo en un tazón profundo y lo dejas a un lado. Retira el agua sobrante, de ser necesario.

5. Fríe el plátano en aceite y transfiérelos a un papel toalla.

6. Retira de la nevera la mezcla de los gandules, elimina el exceso de líquido y mezcla con la quinoa, el aguacate y el plátano.

7. Lleva a la nevera otra vez o sírvelo inmediatamente, pero el plátano y el aguacate siempre lo agregas justo al servir. Te aseguro que al otro día sabrá aún mejor.

Guandules en República Dominicana, gandules en Puerto Rico, guandú en Panamá, quinchoncho en Venezuela y *pidgeon peas* en inglés son algunos de los nombres de este grano natural de África. Algo parecido a la lenteja pero de tamaño más grande. Hay temporadas en que se consigue fresco y es ahí cuando aporta un aroma y sabor único, pero igual lo puedes conseguir congelado o en lata. Cualquiera que sea tu antojo para acompañarlo será sabroso: en ensalada, sopa, asopao, arroz guisado con carne de cerdo, mezclado en arroz con coco, guisados con ralladura o bolitas de plátano, con ají dulce, cilantro, culantro... siempre son ricos y tremenda fuente de proteína.

Ensalada de espinacas con vinagreta de fresas

15 minutos; 3 o 4 personas

En vez de almendras, puedes usar semillas de calabaza. Otra opción para esta receta es saltear las espinacas en una sartén a temperatura media con una pizca de aceite de oliva y un diente de ajo picado muy fino. Calienta por un minuto, retira del calor y agrega el aderezo para que quede una ensalada tibia. Si no eres fanático de las espinacas, tu opción será arúgula, que hace buena pareja con queso parmesano reggiano. Una pechuga de pollo, un lomo o chuleta de cerdo a la parrilla o a la plancha también le sienta de maravilla a esta receta.

LO QUE NECESITAS:

1   paquete o bolsa de espinacas, limpias
½   taza de aceite de oliva extra virgen
12 fresas frescas medianas
1   cucharada de vinagre balsámico
1   cucharada de miel de agave
¼   de taza de almendras, partidas a la mitad
2   oz de queso de cabra o queso fresco
Sal y pimienta al gusto

LO QUE TIENES QUE HACER:

1. En la licuadora mezcla el aceite, unas 8 fresas, el vinagre, la miel y una pizca de sal y pimienta; deja a un lado.

2. En una sartén pequeña, a temperatura media-alta, agrega las almendras y tuéstalas por 1 o 2 minutos mientras las vas revolviendo para que no se quemen; deja a un lado.

3. En un tazón profundo agrega las espinacas, las almendras tostadas, el queso, las fresas restantes cortadas en finas lascas, mezcla bien con el aderezo y sirve solo o acompañado de alguna proteína.

4. Si quieres guardar el aderezo que sobre para el otro día, recuerda combinar entonces ¼ de aceite de girasol o canola con ¼ de aceite de oliva para que no se ponga duro en la nevera.

 Las fresas son unas de las frutas más populares del mundo y existen cientos de variedades. Se dan fácilmente y se encuentran todo el año, pero su mejor temporada es la primavera. Selecciona las que estén firmes, sin humedad, de color rojo brillante e intenso, y si las compras de paquete, asegúrate no haya ninguna en mal estado ni que estén muy presionadas unas con otras. Antes de guardarlas en el refrigerador, descarta las que no estén bien y lávalas justo antes de comerlas o cocinarlas. Si las quieres congelar, lávalas, quítale las hojas, la punta, sécalas bien. Luego congélalas en una bolsa sellada y te durarán varios meses. Si el presupuesto lo permite, cómpralas orgánicas, recuerda que por lo general las frutas de piel fina absorben más los antibióticos y químicos que le agregan.

Vinagreta balsámica

5 minutos; 4–6 porciones

Un aderezo hecho en casa es más fácil de lo que imaginas. Nada como hacerlo desde cero para evitar toda la sal y conservantes que tienen la mayoría de los aderezos. Para que el aderezo dure varios días en la nevera, siempre hay que mezclar los dos tipos de aceites. Puedes agregar cebolla roja o chalote picada muy fina, chile fresco, puré de alguna fruta, tomillo, perejil o hasta cilantro. Aquí se permiten lechugas, espinacas, cualquier semilla, una pizca de queso, todo tipo de vegetales y hasta cebolla caramelizada. Si añades alguna semilla, recuerda tostarlas 1 o 2 minutos en la sartén para que estén más ricas y crujientes.

LO QUE NECESITAS:

¼ de taza de vinagre balsámico
¼ de taza de aceite de canola o girasol
¼ de taza de aceite de oliva extra virgen
1 diente de ajo picado muy fino
1 cucharadita de mostaza Dijon
2 cucharaditas de miel
Sal y pimienta al gusto

LO QUE TIENES QUE HACER:

1. En un tazón profundo y con una pinza de batir a mano, mezcla bien el ajo, el balsámico, la mostaza, la miel y una pizca de sal y pimienta.

2. Añade los aceites y sigue batiendo hasta que agarre consistencia de aderezo y rectifica de sal y pimienta.

3. Refrigera o sirve inmediatamente.

Para comprar un buen vinagre balsámico, asegúrate de que la botella sea oscura y que diga *aged*, que indica que tiene meses o años de añejado en barril. Cuantos más años tenga, mejor; en Italia los hay de más de 20 años. Otro factor es su origen; búscalo de la región de Modena o de Reggio Emilia. Si dice *Aceto Balsamico Tradizionale*, mejor. Y si no hay ninguno con estas características, asegúrate de que no tenga colorantes ni azúcar entre sus ingredientes. Si quieres un vinagre dulce y espeso como el chocolate, redúcelo en una olla a temperatura baja hasta un ⅓ de lo que echaste y conseguirás que tu plato sea el rey de la mesa.

Vinagreta de mango

10 minutos; 6 a 8 porciones

Si gustas, puedes añadir más vinagre o incluso agregar un poco de chile serrano, cilantro fresco o un diente de ajo pequeño. También puedes hacer el aderezo utilizando solo aceite de oliva. Esta misma receta la puedes preparar con fresas, frambuesas, papaya, pulpa de tamarindo o parcha. Ya no tienes excusas para no comer ensaladas con vinagreta de frutas de temporada. ¡Ah! Y con este aderezo una pechuga de pollo, un pescado, camarones o un buen atún en conserva sobre una ensalada es simplemente fantástico.

LO QUE NECESITAS:

¾ de taza de aceite de oliva extra virgen
¾ de taza de aceite de canola o girasol
2 cucharadas de vinagre balsámico
1 cucharada de cebolla roja o chalotas
1 mango fresco pequeño a mediano, sin piel, sin semilla y picado
1 cucharadita de miel
Sal y pimienta al gusto

LO QUE TIENES QUE HACER:

1. En un tazón profundo echa el vinagre balsámico y las chalotas o cebolla y mueve con una pinza de batir.

2. Añade la miel y mueve hasta que haya mezclado bien con el vinagre; deja a un lado.

3. En una licuadora echa los dos aceites con el mango y mezcla hasta que el mango esté bien licuado y tengas una salsa espesa.

4. Vierte el aceite de mango poco a poco en el tazón del vinagre mientras mueves como si estuvieras batiendo huevos para que se mezcle bien y obtengas textura de aderezo.

5. Antes de servir sobre la ensalada recuerda añadir sal y pimienta al gusto y probarla.

 El placer de hacer una vinagreta con alguna fruta de temporada es un lujo que merecemos darnos. Se vale hacer un aderezo de cualquier fruta que se te antoje. El mango, por ejemplo, es perfecto durante el verano ya que es cuando más dulce está, y como se encuentra con facilidad, es más económico. Y es que además el mango es una fruta tropical cargada de vitaminas A, C, B, carotenos y antioxidantes. Dependiendo de su variedad, la mejor forma de comerlos es cuando están bien maduros y son más jugosos y dulces. Como si fuera poco, es una de esas frutas asociadas al combate del cáncer y a ayudar a la digestión. Cómpralo fresco y prepara salsas, aderezos, postres, batidos y hasta con un arroz con coco queda bien.

Ensalada de churrasco al pastor

30 minutos; 2 personas

Si tienes una sartén de hierro con marcas de parrilla, este será tu momento de brillar. Es ideal para recetas como estas pues marca la piña y la carne y así queda como de revista y luces como todo un experto ante tus invitados a la mesa. Esta receta la puedes variar y hacer con una chuleta, lomo de cerdo o una pechuga de pollo. Sea cual sea la proteína que uses, la puedes picar bien pequeña y servirla con la ensalada o dentro de tacos de maíz. Te vas a querer chupar los dedos.

LO QUE NECESITAS PARA LA CARNE:

- 1 lb de churrasco *Certified Angus* (vacío o *skirt steak*)
- 2 tazas de piña fresca, picadita en cubos pequeños
- 3 dientes de ajo picados muy finos
- 1 cucharada de chile ancho en polvo o 1 chile ancho
- ½ taza de jugo de piña de buena calidad
- ½ taza de jugo de naranja de buena calidad
- 2 cucharadas de cilantro fresco

Sal y pimienta al gusto

LO QUE NECESITAS PARA LA ENSALADA:

- ½ paquete de ensalada verde mixta, limpia
- ½ aguacate, picado en cuadritos
- ½ mango, picado en cuadritos (opcional)
- ¼ de taza de semillas de calabaza o almendras

Jugo de 1 limón

Aceite de oliva extra virgen al gusto

Sal y pimienta al gusto

LO QUE TIENES QUE HACER:

1. Limpia la carne con agua fría y sécala bien con papel toalla.

2. En un tazón profundo marina la carne en una mezcla de jugo de piña y de naranja, el chile ancho, el ajo, el orégano, el cilantro, la sal, la pimienta y deja reposar en la nevera mientras preparas la ensalada.

3. En una parrilla o sartén bien caliente, dora la piña por 1 minuto por cada lado, sírvela en un plato y déjala a un lado.

4. Retira la carne de la nevera, escúrrela bien y cocínala por 3 minutos por el primer lado, sin voltearla para que no se te pegue y se sellen bien los jugos. Voltéala y cocina por 2 o 3 minutos más, dependiendo del punto de cocción que te guste y del ancho que tenga la carne.

5. Mientras se cocina la carne, sirve la lechuga en un tazón profundo, añade el aguacate, el mango, la piña, el aceite, el jugo de limón y sazona con sal y pimienta.

6. Tuesta las semillas de calabaza por un minuto en una sartén a temperatura alta removiendo constantemente para despertar su aroma y que se pongan más crujientes. Luego agrégalas a la ensalada.

7. Cuando la carne esté lista, déjala descansar 5 minutos, luego la cortas y la sirves con la ensalada. ¡Buen provecho!

El chile ancho es uno de los chiles más usados en la cocina mexicana. Es un chile poblano pero que al estar seco su color, aroma y sabor es distinto. Lo consigues en polvo en la sección de especias y será de color rojo oscuro, pero si lo compras seco en bolsa, será de un tono rojo casi negro. Es un chile que pica pero moderadamente y comúnmente se usa en moles, salsas, guisos y a veces mezclado con el chile guajillo y pasilla. Si no lo encuentras en polvo para esta receta, cómpralo seco en bolsa. Calienta uno por un minuto en la sartén, le sacas las venas, el tallo, las semillas, lo dejas en agua durante 10 minutos para que se hidrate y lo echas a la batidora con el resto de los ingredientes del marinado y listo.

Ensalada con atún, garbanzos y vinagre de jerez

10 minutos; 2 personas

Nos intimida usar ingredientes desconocidos u olvidados a la hora de hacer una ensalada. La idea no es que te asustes con la lista sino inspirarte a mezclar ingredientes para que tengas una experiencia memorable. Seguro que te animas a comer una ensalada en un restaurante pero te aburre hacerla en casa. La lechuga tipo little gems, en inglés, es rica, crujiente y refrescante pero una lechuga romana es buena sustituta. Confieso que siempre que la preparo en casa le agrego aguacate, rábanos, zanahoria rallada y en ocasiones huevo hervido a esta receta. El vinagre que prefiero aquí es uno de Jerez o sherry, que no tiene que ser ni reserva, ni dulce y puedes sustituir por tu vinagre favorito o zumo de limón. Atrévete a preparar tu mejor versión, no te vas a arrepentir.

LO QUE NECESITAS:

2 o 3 corazones o cogollos de lechuga pequeños

2 latas de atún en conserva con aceite de oliva

¼ de cebolla blanca o cebolleta picada en finas tiras

½ pimiento verde dulce o *cubanelle*, rojo morrón asado o piquillo en frasco picado en finas tiras

1 tomate pera maduro, picado en rodajas a lo largo

7 oz. de garbanzos cocidos

1 diente de ajo picado muy fino

¼ de taza de aceite de oliva extra virgen

2 cucharadas de vinagre de Jerez, *sherry* o el jugo de 2 limones

Sal y pimienta al gusto

Pizca de orégano seco (opcional)

1 cucharadita de cilantro o perejil fresco (opcional)

LO QUE TIENES QUE HACER:

1. En un tazón profundo agrega el aceite, el vinagre, el ajo, sal y pimienta y mezcla bien.

2. Añade la cebolla, el pimiento, el tomate, los garbanzos, sal y pimienta, el orégano, el perejil o el cilantro y deja a un lado.

3. Descarta el aceite de la conserva y agrega el atún al tazón con los demás ingredientes.

4. Lava bien la lechuga, escúrrela, córtala en 2 a 6, según el tamaño, y sirve en un plato. Agrega la ensalada por encima de los cogollos y a disfrutar.

5. Si puedes, deja en la nevera el tazón de la vinagreta con los demás ingredientes marinando un rato, mejor sabrá a la hora de comer.

 Puedo escribir un libro y me quedo corta, pero aquí voy... El vinagre de Jerez se elabora con las uvas palomino, moscatel y Pedro Ximénez. Al igual que el vino de Jerez, se produce con la técnica de solera y criaderas o un procedimiento de envejecimiento hecho con vasijas o botas de roble. El vinagre se envejece, al igual que el vino, entre seis meses a 10 o 20 años, por eso su complejidad, variedad y precio. Tanto el vinagre como el vino lo puedes conseguir más dulce y más seco. Se clasifican según su grado de envejecimiento, Vinagre de Jerez, Vinagre de Jerez Reserva y Vinagre de Jerez Gran Reserva y según su grado dulce dice Vinagre de Jerez al Pedro Ximénez y Vinagre de Jerez al Moscatel. Estos son los buenos para reducir y convertirlos en casi un chocolate. Si es de Jerez, puede llamarse como tal o *sherry vinegar*.

Ensalada de vegetales asados, aguacate y vinagreta de cítricos

25 minutos; 2 a 4 porciones

Las opciones para una ensalada son ilimitadas. Usa frutas, granos, vegetales, almendras, queso, nueces, pistachos y diferentes vinagres. Si al preparar un aderezo, añades una mitad de aceite de oliva y otra mitad de aceite de girasol o canola, lo podrás guardar en la nevera y usarlo toda la semana, así mantendrá buena consistencia líquida. Esta receta la puedes servir con un buen atún de lata, pescado o pechuga de pollo a la plancha. Los días que no tengas tiempo para elaborar un aderezo, ten en cuenta que puedes usar aceite de oliva y limón, naranja o algún vinagre, sal y pimienta y listo. En tu día a día intenta seguir la ruta más natural posible.

LO QUE NECESITAS:

6   oz de lechuga mixta
12   espárragos frescos y limpios
12   zanahorias frescas, finas y peladas
½   pomelo (toronja) o naranja (opcional)
¼   de taza de aceite de oliva extra virgen o girasol, para el aderezo
2   cucharadas de vinagre balsámico
2   cucharadas de aceite de oliva extra virgen, para los vegetales
2   dientes de ajo enteros
1   aguacate *hass*, cortado en lascas, sin cáscara
Jugo de 1 naranja y su ralladura
Jugo de ½ limón
1   cucharada de miel o miel de agave
Sal y pimienta al gusto
Semillas de calabaza tostadas

LO QUE TIENES QUE HACER:

1. Precalienta el horno a 425 ºF.

2. En un plato de hornear pon los espárragos, las zanahorias y 2 dientes de ajo, sal, pimienta y las 2 cucharadas de aceite de oliva. Asegúrate de que los vegetales queden sazonados y bañaditos de aceite.

3. Hornea por 10 minutos, retira los espárragos, voltea las zanahorias y hornea por 5 a 10 minutos más. Retira del horno y deja a un lado.

4. Mientras tanto, en un tazón profundo mezcla el aceite, la miel, los jugos, las ralladuras y el vinagre, sazona, prueba y deja a un lado.

5. Monta la ensalada con el aguacate, los vegetales asados, el pomelo y las semillas.

 El secreto de una buena ensalada está en la calidad, la frescura de los ingredientes y la variedad de texturas. Algo tan sencillo como un elemento crujiente, lo olvidamos. Aquí las semillas de calabaza van perfectas con los cítricos y el dulce de los vegetales asados. Cómpralas sin sal; en el mercado están casi siempre en la sección de productos hispanos o de hierbas secas. Tuéstalas en una sartén por 1 o 2 minutos para despertar su aroma y que se pongan crujientes. Serán un toque divertido y rico en cualquier plato. En casa no faltan y para colmo son saludables.

Wrap de pollo al coco con *curry*

30 minutos; 2–3 personas

Este wrap es tan rico que no necesita mucho más pero, si lo vas a comer de plato principal, el cuscús marroquí de la foto (página 124) es una opción fácil y rápida si lo quieres acompañar con algo. Para cocinarlo solo tienes que echarle 1 taza de agua o caldo de pollo hirviendo al cuscús y dejar que se cocine al vapor. No lo tienes que poner al fuego. Cuando le eches el agua le puedes añadir lo que quieras: sal y pimienta, perejil o cilantro, almendras, pasas o zanahoria, lo remueves con un tenedor, lo tapas inmediatamente y en 5 minutos estará listo para servir con el wrap. Obtendrás un bocado todavía más crujiente, divertido, fresco y saludable. Te regalo otra idea: sirve el pollo sobre arroz blanco, basmati o jazmín y agrégale almendras o maní molido arriba.

LO QUE NECESITAS:

1   lb de pechuga de pollo deshuesada y sin piel
2 o 3 tortillas de harina para *wraps*. Pueden ser de
    harina blanca, integral, espinaca o tomate.
¼   de cebolla blanca, grande, picada muy fina
½   lata de leche de coco
2   dientes de ajo picados muy finos
1   cucharada de cilantro
3   cucharadas de aceite de oliva extra virgen
½   cucharada de *curry*
Sal y pimienta al gusto

LO QUE TIENES QUE HACER:

1. En una sartén a temperatura media-alta agrega 2 cucharadas de aceite de oliva, el ajo, la cebolla y sofríe por 5 minutos. Retira el sofrito y deja a un lado.

2. Añade la otra cucharada de aceite y dora el pollo por ambos lados por 2 a 3 minutos a temperatura alta.

3. Reduce a media la temperatura, regresa el sofrito a la sartén, agrega la leche, el *curry*, la sal y la pimienta y deja reducir por 5 minutos más, en lo que el pollo se termina de cocinar.

4. Súmale el cilantro, prueba y rectifica de sabor si fuera necesario. Ya está listo para rellenar las tortillas.

Seguro que has probado el *curry* en un restaurante jamaiquino, haitiano, tailandés, indio, chino, marroquí, o al menos has oído hablar de él. Y tienes para escoger por sabor: picante o no picante y por colores: rojos, verdes y amarillos. El *curry* es como un adobo, o sea, una combinación de ingredientes que en cada país se prepara según su tradición, pero siempre teniendo el *turmeric* o cúrcuma, en español, como ingrediente principal. Cuando visité Marruecos, me llamó la atención que a la cúrcuma, familia del jengibre pero de color naranja, le llaman directamente *curry*. Se usa también como colorante para la mostaza pues pinta amarillento, parecido al azafrán, y por eso también le llaman azafrán indio. En el supermercado encontrarás el más común, suave y sin picante, en la sección de especias. Lo mejor de todo es que casa genial con el coco y mi amado cilantro.

Farfalle en salsa de maíz y cilantro

30 minutos; 4 personas

Esta receta es para sacarte un poco de tu área de confort y disfrutes inventando en la cocina. Es una salsa tan sabrosa que se come hasta sola, así que la puedes servir como sopa, o bien para mojar unos wontons, para añadir a una lasaña, un filete de pescado, camarones a la plancha y hasta sobre una pechuga de pollo. Es fácil de preparar, saludable y económica. Si quieres hacerla más como un puré, duplica la cantidad de maíz y mezcla lentamente en la licuadora por menos tiempo. Si quieres agregar un toque picante, cuando licúes los ingredientes añade un chile poblano, anaheim o serrano rostizado (sin semillas ni venas), un pedazo de jalapeño fresco y hasta un toque de puré de ají amarillo o un ají amarillo blanqueado.

LO QUE NECESITAS:

1	lb de pasta farfalle
2	tazas de leche entera, preferiblemente orgánica
1	lb de tomates *cherry*, picados a la mitad
2	mazorcas de maíz frescas
2	cucharadas de aceite de oliva extra virgen
½	cebolla blanca
4	dientes de ajo
5	ramas de cilantro fresco

Sal y pimienta blanca al gusto

LO QUE TIENES QUE HACER:

1. Desgrana el maíz con un cuchillo y deja a un lado.

2. En una olla a temperatura media, agrega el aceite de oliva, el ajo, la cebolla y sofríe hasta que la cebolla esté translúcida y tierna.

3. Añade el maíz, la leche y deja cocinar a temperatura media por 15 minutos, sin dejar que hierva la leche y se te desborde.

4. Mientras tanto, en otra olla, cocina la pasta en agua con sal por 8 minutos o hasta que esté casi *al dente*; cuela y deja a un lado.

5. Transfiere a la licuadora la mezcla de la leche, añade el cilantro, sal y pimienta; mezcla bien hasta que la salsa esté cremosa y prueba de sal antes de terminar este proceso.

6. En una olla o sartén grande, agrega la mezcla de la licuadora, los tomates, la pasta y combina mientras calientas todo a temperatura media por 3 minutos para que todos los ingredientes se combinen, sin dejar que se cocine de más la pasta.

7. Prueba una vez más para comprobar la sal y pimienta. Sirve y disfruta. ¡Amo esta pasta!

Esta salsa está para chuparse los dedos. Una de las cosas que quiero que recuerdes después de leer este libro es que puedes hacer una salsa cremosa y sabrosa sin crema ni mantequilla. Este es un buen ejemplo. Aquí solo te sugiero usar leche normal de vaca; si eres alérgico a la lactosa, usa leche sin lácteos. Cuando quieras espesar algún plato siempre piensa primero: si es un puré, maja el ingrediente en caldo de pollo; si es un guiso, ralla un poco de papa o calabaza; o si es una salsa, como ésta, añade un poco de leche.

Mi pescaíto en adobo

15 minutos; 2 personas

Le llamé mi pescaíto en adobo pues en Cádiz casi siempre se hace con vinagre de vino blanco o un vinagre blanco suave y se marina el pescado por 30 minutos. Así que mientras escribía esta receta salí del Mediterráneo y me paseé por el Atlántico, a Las Bahamas, donde agarré idea de usar el limón, que solo necesita marinarse por unos 3 minutos y aporta jugosidad inmediata. Pero no lo dejes por más tiempo porque se cocina como ceviche. Si quieres la versión clásica, sírvelo con una ensalada de tomate con aceite, vinagre de jerez, sal y pimienta. Tienes la opción de comerlo como tapa, con pan o picos. Y para que baje más a gustito lo puedes acompañar de una cerveza ligera, un vino de uva verdejo o albariño de España, torrontés de la Argentina, o un sauvignon blanc *de Sancerre, Francia.*

LO QUE NECESITAS:

1   lb de filete de pescado blanco, sin piel
1   taza de harina multiusos
5   dientes de ajo bien machacados o picados
    muy finos
Jugo de 2 limones amarillos
1   cucharadita de pimentón dulce (pimentón
    ahumado o *páprika* dulce)
1   hoja de laurel
1   cucharadita de orégano
1   cucharadita de perejil fresco
Sal y pimienta al gusto
Aceite de freír

LO QUE TIENES QUE HACER:

1. Corta el filete en dados de pulgada a pulgada y media y deja a un lado.

2. En un tazón profundo agrega el jugo de limón, el pimentón, los ajos, el laurel, el orégano, suficiente sal y algo de pimienta.

3. Mezcla bien, baña todos los cubitos de pescado en el adobo y deja a un lado por 3 minutos.

4. Mientras, en un plato semiprofundo agrega la harina, con el perejil bien picadito, sal y pimienta al gusto.

5. Prepara un caldero o sartén profunda con aceite y calienta a temperatura media-alta.

6. Cuando esté caliente, retira el pescado del adobo, uno por uno y pásalo por la harina, retira el exceso que se le acumule y fríelo por un minuto y medio por cada lado. Si lo cortas del tamaño sugerido, en 3 o 4 minutos estará dorado, tierno y bien cocido para que, cuando pierda el calor, le metas un buen mordisco.

7. Retíralos a un plato con papel toalla y sirve con ensalada de tomate al lado.

El adobo es como el sofrito: todos lo conocemos pero en cada país se hace de manera diferente. El que me enamora es el de Cádiz, tierra donde nace la inspiración para esta receta. Yo siento que muero y vuelvo a nacer cada vez que visito el mar andaluz, principalmente Cádiz, Puerto de Santa María, Barbate, Bolonia y otros alrededores donde no falta tan suculento plato. La receta original se hace con cazón, un pez de la familia del tiburón. En casa si no consigo cazón, lo hago con filete de mero, blanquillo o pescado cotorra; la idea es conseguir un pescado blanco, firme y de buena calidad. Hay que cortarlo en cubos o "tacos", como le dicen los gaditanos, de una o una y media pulgadas para que se maceren rápida y uniformemente.

Pollo asado con ají panca

35 minutos; 3 o 4 personas

Amo esta receta, es un clásico en casa con el panca o con la opción de sustituir el panca por guajillo y pasilla; hago ambas versiones al menos dos veces al mes. Si tienes tiempo, deja el pollo tapado marinándose en la nevera por varias horas antes de hornear para que agarre más sabor. Cuando se me antoja hacer esta receta al momento, lo que hago es que le aumento un poco las porciones de sal y especias para que agarre más sabor. Este mismo marinado lo puedes usar con pavo, pollo entero, costillas, lomo o una chuleta de cerdo gruesa y hasta con un churrasco o entraña que vayas a poner a la parrilla.

LO QUE NECESITAS:

3 a 4 lb de pollo en presas (8 aproximadamente, mejor si es orgánico, sin antibióticos o de una granja local)

¼ de taza de cerveza negra

4 dientes de ajo frescos machacados

1 cucharada de pasta de ají panca (o 1 cucharadita de achiote)

1 cucharada de salsa de soya

1 cucharada de orégano

½ cucharada de comino

1 cucharadita de romero

Sal y pimienta al gusto

LO QUE TIENES QUE HACER:

1. Precalienta el horno a 375 ºF.

2. Coloca el pollo en una fuente de hornear y báñalo en la cerveza y la salsa de soya. Asegúrate de aprovechar la mayor cantidad de líquido; lo que caiga al recipiente, vuelve a echárselo por arriba, e incluso agrega por debajo de la piel.

3. Sécale un poco la piel con un papel toalla para que el resto de los ingredientes peguen bien y quede crujiente cuando se cocine.

4. Mezcla la pasta de ají con ajo, orégano, comino, romero y agrega al pollo.

5. Añade sal y pimienta al gusto, teniendo en cuenta que la soya tiene un poco de sal, así que ten cuidado.

6. Cuando vayas a hornearlo, cocina con la piel hacia arriba por 25 a 30 minutos o hasta que el termómetro marque 160 ºF. Lo retiras del horno y lo dejas descansar tapado 10 minutos antes servir. El calor interno lo terminará de cocinar fuera del horno y lo mantendrá jugoso.

7. Sirve y disfruta del crujiente y memorable pollo que tendrás frente a ti.

En esta receta te transporto a los sabores del Perú, pues el ají panca es uno de los chiles más importantes y típicos de este país. Es menos picante que el ají amarillo y que el rocoto y tiene un equilibrio perfecto entre dulzón y ahumado, que lo hace muy especial, algo parecido al guajillo en caso de que lo quieras sustituir. Fuera del Perú generalmente lo encuentras en pasta en pote de cristal en la sección de productos latinos y a veces se encuentra el chile seco que puedes hidratar en agua tibia y convertir en pasta.

Rotini con chistorra, vino, ajo y hierbas

20 minutos; 4–6 personas

Esta receta nació en casa de unos amigos en Sevilla. Estábamos pasándola tan bien y sin ningunas ganas de salir que nos dimos a la tarea de jugar con lo poco que había en la cocina. Éramos muchos los hambrientos y la única opción de carne disponible era la chistorra, así que rápido pensé en una pasta. La historia y la receta tuvieron un final feliz pues en el jardín de la casa encontramos una planta de romero y una flor morada, que le llaman flor de ajo pues su aroma y sabor es casi idéntico al ajo. La comida quedó tan rica que se quedó en mi memoria, y claro que a falta de la Tulbaghia violacea, como le llaman científicamente a la flor, la sigo haciendo en casa con ajo fresco y la decoro con alguna flor comestible. Un vino blanco bien fresquito si hace calor o un sabroso y robusto tinto si hace frío y a brindar. Ese día la disfruté con un Contino, un vino de uva Graciano de la Rioja que nunca olvido y que muero por volver a tener en mi boca.

LO QUE NECESITAS:

- 1 lb de pasta rotini o la que gustes
- 8 oz de chistorra picada en trozos de una pulgada
- 1 cebolla blanca picada muy fina
- 10 a 12 dientes de ajo, en rodajas delgadas o picados muy finos
- 1 paquete de tomates *cherry* o 3 tomates muy finos
- 1 cucharada de romero
- 1 cucharada de tomillo
- ¼ de taza de aceite de oliva extra virgen
- ¾ de taza de vino blanco
- Sal y pimienta al gusto
- Queso manchego rallado al gusto

LO QUE TIENES QUE HACER:

1. Pon agua a hervir en una olla grande a temperatura alta.

2. Cuando hierva, agrega suficiente sal y la pasta, menea y deja cocinar destapado por 7 minutos o hasta que esté *al dente*. Todas las pastas se cocinan en tiempos diferentes; si no usas rotini, cocina según lo que indique tu paladar o las instrucciones. Cuando esté lista, la cuelas y la dejas a un lado.

3. A una sartén grande, a temperatura media-alta, agrega el aceite y dora los ajos por 2 minutos, sin que se quemen.

4. Añade la cebolla, sofríe por 5 minutos; luego echa la chistorra y cocina por 3 minutos más para que suelte el pimentón y la grasa.

5. Añade el vino y espera un minuto a que se reduzca, para agregar a continuación los tomates y las hierbas.

6. Por un minuto, lleva la pasta a la sartén donde está la chistorra; mezcla para que todos los sabores se combinen.

7. Sirve en un plato hondo familiar y agrega el queso rallado por arriba.

 La chistorra es un tipo de embutido de Navarra, España, hecho generalmente con carne y grasa de cerdo, aunque en otras zonas del país lo mezclan también con carne de vaca. Lleva ajo, pimentón para el color y sabor, y hierbas aromáticas. En cualquier rincón del país lo puedes saborear como tapa —asada o frita— y la forma más común de disfrutarla es con pan y un vaso de vino o cerveza. Lleva poca curación así que es más tierna que un chorizo, pero mucho más delgada y con más grasa, lo que la hace más sabrosa. No es difícil conseguirla, pero si no la encontraras, sustitúyela con chorizo mexicano, salchicha parrillera argentina o una buena salchicha y le agregas 2 cucharadas de pimentón aparte.

Serenata de bacalao con aguacate y mango

15 minutos, el resto lo hace la nevera; 4 personas

La serenata es el nombre que le damos a la ensalada de bacalao guisao en Puerto Rico. Es uno de esos platos que si te gusta te lo vas a comer incluso solo y hasta frío de la nevera. Otros ingredientes que podrías usar son pimiento naranja, papa, huevo, yuca o panapén (fruta del pan) hervidos y picados en pedacitos. Lo puedes acompañar con plátano, banana verde, malanga, ñame, calabaza, yuca, yautía, batata hervida, y hasta con un arroz blanco, tostones o ensalada verde. La serenata es fácil de preparar, económica y lo mejor es que se conserva de maravilla en la nevera. Puedes repetir día sí y día también. Si lo vas a servir con arroz, intenta hacerlo con el arroz jazmín y verás cómo suena esta pareja en tu boca.

LO QUE NECESITAS:

1   lb de filete de bacalao salado (sin espinas ni piel)

½   taza de aceite de oliva extra virgen

1   cebolla blanca o roja, cortada en finas lascas

1   paquete de tomates *cherry* (si es de colores, lucirá mejor)

1   aguacate, pelado, sin semilla y cortado en cubos

1   mango maduro, pelado, sin semilla y cortado en cubos

Jugo de ½ limón

2   cucharadas de cilantro fresco al gusto

LO QUE TIENES QUE HACER:

1. Una vez que tengas desalado el bacalao, retíralo del agua, desmenúzalo y llévalo a un tazón profundo.

2. Echa un poco del aceite de oliva en una sartén, sofríe la cebolla por 3 minutos y agrégala con todo y aceite al bacalao.

3. Añade el resto del aceite, los tomates, el mango, el cilantro y, por último, el aguacate bañado del jugo de limón y mezcla.

El bacalao se puede comprar en filete para muchas recetas, pero para ésta necesitas un filete curado en sal. Lo puedes encontrar en la mayoría de los mercados y pescaderías, y su precio hablará de su calidad. Para desalarlo, el día antes de cocinarlo, colócalo bajo el grifo de agua frotando con los dedos para que se desprenda el exceso de la sal y luego ponlo en la nevera en un recipiente cubierto completamente con agua. En el transcurso de las siguientes 12 a 24 horas, asegúrate de cambiarle el agua 3 veces antes de deshilacharlo. Si el bacalao es muy delgadito, pruébalo antes de cambiarle el agua por tercera vez, y si es muy grueso, que solo en España tienen la suerte de tenerlos así, entonces tendrás que cambiarle el agua unas 4 veces. El mismo procedimiento lo tienes que hacer para preparar un bacalao guisado, ya sea entomatado, enchilado o a la vizcaína.

Canoas de plátano con bacalao guisao

30 minutos y el resto lo hace el horno y la nevera; 4 a 6 personas

El bacalao guisado es un plato típico de algunas ciudades de Cuba, México y España y se conoce como bacalao a la vizcaína. En cada país lo hacen diferente. En España le dan su color rojizo con el pimiento choricero, un chile seco que se usa en puré y que puedes sustituir por guajillo o ancho como lo usan en México. En mi país, como en otros donde no comemos chile, lo enrojecemos con achiote y tomate. Mi mamá y mi abuela Guelín preparaban estas ricas canoas rellenas de carne molida (picadillo) y con queso fresco gratinado. Si quieres variar un poco la receta las puedes hacer con filete de pescado, pollo, camarones y hasta le puedes agregar un chile de Nuevo México, serrano, guindilla o jalapeño al guiso.

LO QUE NECESITAS

6   plátanos machos, maduros, pelados
¼   de barra de mantequilla, sin sal
1   lb de filete de bacalao, desalado o fresco
3   cucharadas de aceite de oliva extra virgen
1   cebolla blanca, picada muy fina
2   dientes de ajo picados muy finos
1   pimiento verde *cubanelle* picado muy fino
½   sobre de sazón con culantro y achiote o
       1 cucharadita de achiote
3   tomates pera picados en trozos pequeños
Cilantro al gusto

LO QUE TIENES QUE HACER PARA LAS CANOAS

1. Prende el horno a 400 °F.

2. Baña los plátanos pelados con un poco de mantequilla, colócalos en un plato de hornear y cocina por 15 minutos. Luego voltéalos y cocina por 15 minutos más, hasta que estén cocidos y dorados.

3. Mientras tanto, prepara el bacalao desalado, como lo explico en la receta de la página 134, o usa un filete de bacalao fresco.

4. Echa el aceite de oliva en una sartén y carameliza el ajo, la cebolla y el pimiento y sofríe por 5 minutos.

5. Añade el sazón o achiote, los tomates y sofríe por unos 5 minutos más.

6. Agrega el bacalao desmenuzado y deja cocinar todo por 8 minutos a temperatura baja.

7. Retira los plátanos del horno y con cuidado le haces una abertura en el medio, sin llegar a los bordes, para que puedas rellenarlos bien.

8. Añade el cilantro fresco, rellena con el bacalao y sirve.

Para esta receta necesitas plátanos maduros, amarillos como le llamamos en Puerto Rico o macho maduro como lo he visto nombrar en mercados de México y España. La consistencia y color es crucial. Si está entre verde y amarillo, no sirve, debe estar de color amarillo intenso y con algunas manchas negras para que quede suave, dulce y con buena consistencia. Para freírlo puede tener muchas manchas negras, pero te advierto que cuanta más tenga, más grasa absorbe. Es mejor que no tenga muchas para hornearlo, para que mantenga su forma y lo puedas cortar y rellenar.

Costillas de cerdo en salsa de tomatillos

50 a 60 minutos; 2 o 3 personas

Esta sabrosura de receta que te lleva de viaje a México en cada bocado, la puedes servir con tortillas de maíz suaves, arroz con vegetales, arroz con maíz, con tostones, plátano maduro o sobre ensalada de repollo blanco o rojo. Recuerda siempre calentar las tortillas en una sartén o comal antes de servirlas. No olvides que el tomatillo tiene una capa pegajosa que cubre su piel y hay que lavarlos bien con agua para eliminarla antes de cocinarlos. Si quieres, el proceso de pasar los tomatillos, la cebolla, el ajo y el chile por la sartén lo puedes hacer también en el horno añadiendo un chorrito de aceite de oliva y asándolos a máxima temperatura en broil hasta que estén bien dorados y tiernos.

LO QUE NECESITAS:

- 2 lb de costillas *baby back*
- 10 tomatillos verdes (1½ lb aproximadamente)
- 3 tazas de agua o caldo de pollo o vegetales
- 1 cebolla blanca, cortada a la mitad
- 6 a 8 dientes de ajo
- 1 chile serrano, sin semillas ni venas
- 8 a 10 ramas de cilantro fresco
- 2 cucharadas de aceite de oliva extra virgen
- 1 cucharadita de orégano (mejor si es orégano mexicano)
- Sal y pimienta al gusto

LO QUE TIENES QUE HACER:

1. Elimina la cáscara de los tomatillos, lávalos bien con agua, sécalos y deja a un lado.

2. Limpia con agua las costillas, sécalas con toallas de papel y sazónalas con sal y pimienta.

3. Agrega el aceite en una olla y dora las costillas a temperatura alta por 2 a 3 minutos.

4. Agrega las 2 tazas de agua o caldo y deja cocinar con la olla destapada a temperatura media por 10 minutos.

5. Mientras tanto, en una sartén o comal a temperatura alta, dora los ajos, el chile, los tomatillos y la cebolla. Según se vayan dorando, que veas que se le van formando zonas negras por todos lados y se ponen blandos, retíralos y llévalos a la licuadora con la taza de agua o caldo restante, el cilantro, el orégano y la sal.

6. Después de los 10 minutos de las costillas, agrega la salsa a la olla y deja cocinar por 30 a 40 minutos más o hasta que estén bien tiernas. Durante este proceso remueve unas 2 veces y ve probando la salsa para rectificar de sal si fuese necesario.

Al viajar, siempre hay sabores que se me quedan en la boca. Y cuando un buen día me entra el antojo, voy y cocino algo que me lleve a ese sabor, a ese momento. Me pasó el otro día con unos chicharrones en salsa de tomatillos que probé en una taquería que amo en Los Ángeles y que me llevó a hacer algo similar con unas *baby back ribs*. Estas costillas son las que están en la parte superior del cerdo, cerca de la espina. Por eso son más chicas, más tiernas y con menos carne y grasa que las demás. Se cocinan más rápido hasta el punto de deshacerse en la boca o en las tortillas, sin necesidad de cuchillo ni de tenedor. Para asarlas o hacerlas en esta receta al caldero, asegúrate de que sea este corte.

Raviolis de calabaza, queso de cabra y miel de agave

20 minutos; 2 personas

Seguro que siempre soñaste hacer tus propios raviolis y siempre lo viste como complicado o imposible. Bueno, es tan sencillo como buscar la envoltura de wonton o dumplings en la sección fría de productos vegetarianos o asiática del mercado y en solo minutos los podrás hacer de lo que se te antoje; carne, cerdo, cordero, queso y espinaca, camarones, langosta o papa dulce y con tus hierbas favoritas. Es tan sencillo que hasta los niños los pueden hacer, y es la receta perfecta para una noche romántica con tu pareja. Unos camarones por encima también le van como anillo al dedo. Un vinito blanco bien frío y a brindar.

LO QUE NECESITAS:

1½ lb de calabaza cocida (2 tazas aproximadamente)

15 a 20 masas de *wonton*

2 oz de queso de cabra

¼ de taza de aceite de oliva extra virgen

½ cebolla blanca

2 dientes de ajo, picaditos muy finos

½ cucharadita de tomillo o romero fresco

1 puñado de salvia

1 huevo batido

Miel o miel de agave

Semillas de calabaza, tostaditas

Sal y pimienta al gusto

LO QUE TIENES QUE HACER:

1. Pela, limpia y corta la calabaza en cubitos de una pulgada y ponla a hervir en agua con sal.

2. Mientras se cocina la calabaza (10 minutos aproximadamente), prepara el sofrito en una sartén a temperatura media-alta con aceite de oliva, ajo y cebolla, dejándolo cocinar hasta que la cebolla esté translúcida y bien tierna.

3. Cuando esté cocida la calabaza, la cuelas y majas con un tenedor en un recipiente profundo y le añades el queso y el tomillo o romero.

4. Empieza a preparar los raviolis. Usando una brochita o los dedos, moja el borde de cada masa con un poco de huevo a vuelta redonda para que selle bien una masa con la otra y no se abran mientras hierven.

5. Usando una cuchara pequeña, agrega el relleno y sella bien todas las esquinas.

6. Cuando tengas todo listo, en una olla grande, hirviendo con agua y sal, agrega los raviolis y hierve por 3 minutos. No eches muchos a la vez para que no se te peguen y muévelos con una cuchara de madera para que no se estropeen.

7. Sácalos del agua directamente al plato.

8. Agrega un poco del sofrito y termina con un chorrito de miel, salvia y romero o más tomillo y semillas de calabaza.

Pienso que la salvia hace un buen trío con el romero y el tomillo. Es muy aromática y aún sola en pasta o con carne molida o *sausage* es genial. Mi abuela siempre la tiene en el patio de su casa, desde pequeña recuerdo verla hirviéndola lentamente en agua para prepararse una infusión. Y es que no sólo tiene vitaminas y propiedades estimulantes, también ayuda al sistema digestivo, activa la circulación y equilibra el sistema nervioso.

Pavo estofado con vino y verduras

90 minutos; 6 personas

Este pavo estofado nunca falta en mi casa el Día de Acción de gracias. Es la tradición que "patentizó" mi abuelo paterno, que solía llegar con esta receta, conquistarnos por el estómago y que tuviéramos en la mesa dos versiones de pavo: el tradicional asado como el de la página 174 y este guisado/estofado. Si no tienes sofrito, sofríe ajo, cebolla y pimiento verde cubanelle y duplica tu porción de cilantro, incluso puedes agregar culantro. Si eres amante de los pimientos morrones o de piquillo, también puedes agregar unos cuantos.

LO QUE NECESITAS:

- 6 lb de pechuga de pavo con hueso y piel (2 pechugas aproximadamente)
- 1½ taza de vino tinto, del que te guste beber
- 2 tazas de agua o caldo de pollo (orgánico o fresco)
- 2 cucharadas de pasta de tomate
- 1 lb de papas pequeñas
- ½ lb de zanahorias frescas, peladas y cortadas en rodajas
- 2 cucharadas de aceite de oliva extra virgen
- ⅓ de taza de sofrito o el equivalente
- 1 cucharadita de orégano seco
- 1 cucharadita de perejil seco
- 1 sobre de sazón con culantro y achiote o 2 cucharaditas de achiote
- 3 hojas de laurel
- 10 aceitunas rellenas
- Cilantro fresco al gusto
- Sal y pimienta al gusto

LO QUE TIENES QUE HACER:

1. Agrega al pavo sal y pimienta al gusto y deja a un lado.

2. En una olla grande a temperatura media-alta, agrega el aceite de oliva y cocina el sofrito por 3 minutos.

3. Añade el achiote, la pasta de tomate y sofríe por 3 minutos más.

4. Agrega el pavo y saltea por 3 minutos por ambos lados.

5. Echa el vino y deja reducir por 2 minutos.

6. Súmale el caldo, el orégano, perejil, laurel; muévelo. Una vez que hierva, lo tapas, reduces al mínimo la temperatura y deja cocinar por 50 minutos.

7. Retira las pechugas, quítale el hueso, la piel, desmenuza, regrésalas a la olla y rectifica de sal y pimienta.

8. Remueve y agrega las papas, las zanahorias y las aceitunas y deja cocinar tapado hasta que la papa se cocine (20 minutos aproximadamente).

9. Decora con el cilantro fresco y sirve con arroz blanco y ensalada.

En el supermercado encuentras pechugas enteras de pavo, y lo mismo las puedes marinar y hornearlas directamente que hacerlas en un estofado como éste. Lávalas, sécalas, elimina el exceso de piel, si gustas, sazónalas y listo. El pavo es una rica fuente de proteína, vitaminas B6, B12, minerales y tiene muchas menos calorías que el pollo. Así que no solo pienses en él para el Día de Acción de Gracias, cocínalo durante toda la temporada de otoño, que es cuando más económico está, pero disfrútalo durante todo el año y así dejas descansar al pollo de vez en cuando.

Bife de chorizo con mangú

30 minutos; 3 o 4 porciones

El mangú es diferente al mofongo boricua y al fufú cubano. Es un majado de plátano hervido, único de la cocina tradicional dominicana. Se sirve en la mañana con huevos fritos, chorizo o tocineta y sus típicas cebollas curtidas. También es un acompañante genial en el almuerzo o cena. En mi tierra un corte de carne como este siempre se saborea mejor con algo con plátano, pero ambos por separado con otros "novios" quedan perfectos también. A este plato le puedes agregar la gremolata de cilantro de la página 81, hacer la gremolata con perejil, hacer la salsa de cilantro de la página 83 o claro está, un tradicional chimichurri. Lo que sigue es tener mucha hambre y, si compartimos el mismo gusto por los vinos, servir con un buen malbec o bordeaux de la región de Margaux.

LO QUE NECESITAS PARA LA CARNE:

2 pedazos de 16 oz de bife de chorizo (*New York Strip*)
Sal y pimienta al gusto

LO QUE NECESITAS PARA EL MANGÚ:

3   plátanos bien verdes, pelados y cortados en 6 o 7 trozos
1   cebolla roja, rebanada finamente
2   dientes de ajo, pelados
¼   de taza de aceite de oliva extra virgen
3   cucharadas de vinagre blanco
¼   de taza de agua fría
Sal y pimienta al gusto

LO QUE TIENES QUE HACER PARA LA CARNE:

1. Sazona con sal y pimienta.

2. Coloca los bifes en una sartén de hierro, parrilla o plancha y cocina a fuego alto por 3 a 5 minutos por el primer lado sin moverlo y espera a que esté bien marcado y con la grasa quemadita. Luego voltea y deja cocinar de 3 a 5 minutos más dependiendo del punto en que te guste comer la carne, más o menos cocida.

3. Retira y deja reposar por 5 a 10 minutos.

4. Corta, sirve sobre el mangú y decora con las cebollas.

LO QUE TIENES QUE HACER PARA EL MANGÚ:

1. Agrega los plátanos a una olla con agua hirviendo y sal.

2. Añade el aceite, el vinagre en una sartén y sofríe las cebollas y los ajos hasta que estén tiernos; deja a un lado.

3. Cuando los plátanos estén tiernos, sácalos del agua, échalos en un tazón profundo y comienza a majar con un majador o tenedor.

4. Agrega un poco del líquido de las cebollas, los ajos y 3 o 4 cucharadas del agua en la que herviste los plátanos. Añade el agua fría y mezcla bien; esto mejora la textura y hace que no se seque.

5. Sazona con sal, pimienta y sirve inmediatamente con el bife y las cebollas por encima.

El *New York Strip*, *Kansas Strip Steak*, bife o bife de chorizo como se le conoce en la Argentina, es un corte común, pero más caro que otros por su delicadeza en textura, gran sabor y calidad. Al ser un corte del lomo, es una carne sumamente tierna localizada detrás de las costillas y que no desarrolla un músculo fuerte. Hay que cocinarlo rápido, sobre calor seco y dejarlo reposar tapado unos 5 a 10 minutos para conservar sus jugos y así esté bien rico y tierno a la hora de llevarlo a la boca. No necesita mucho: sal, pimienta y listo.

Ñoquis de yuca en salsa verde

40 minutos; 6 personas

Los ñoquis son un tipo de pasta italiana. Se hacen con harina y papa, o con harina, pan rallado y/o fécula de maíz. En el Caribe los inventamos de malanga (yautía) y de yuca, como también hacen en el Perú, país donde me inspiré para esta salsa verde típica de tallarines verdes, y que puedes hacer con cualquier pasta o de salsa para cualquier proteína. De yuca son más sabrosos, ligeros y se digieren mejor que los de papa. También la yuca es más noble para trabajar, o sea, te saldrán bien sí o sí. Solo asegúrate de que en tu cocina no haya mucha humedad o calor. Si es así, agrega un poco más de harina de la que indica la receta. Los ñoquis que te sobren, no los hiervas, guárdalos en un envase sellado en la nevera cubiertos con papel de cera entre capa y capa de ñoqui para que no se peguen, así te duraran 4 o 5 días perfectamente. Si quieres dar un tercer color, agrega zanahorias ralladas.

LO QUE NECESITAS PARA LOS ÑOQUIS:

2   lb de yuca (congelada es perfecta)
1   huevo
1   taza de harina multiusos
Sal y pimienta blanca al gusto
Papel de cera

LO QUE NECESITAS PARA LA SALSA:

6   oz de espinacas frescas
4   oz de queso fresco
2   cucharadas de queso parmesano
½   taza de leche entera
1   oz de albahaca
1   ají amarillo blanqueado como explico en la página 101 o 1 cucharadita de ají amarillo en pasta (opcional)
Sal y pimienta blanca al gusto

LO QUE TIENES QUE HACER:

1. Hierve la yuca en agua con suficiente sal en una olla grande.

2. Para preparar la salsa, agrega la espinaca en agua hirviendo por 20 segundos y luego sumérgela en agua con hielo para conservar su color.

3. Cuélala y llévala a la licuadora con el queso, la leche, la albahaca, el ají (opcional), sal y pimienta. Mezcla bien y lleva a una olla para que la calientes justo antes de servirla.

4. Una vez que la yuca esté bien tierna, retírala, colócala en un colador dentro de un tazón profundo y, cuando pierda algo de temperatura, retira la raíz del centro de cada yuca y comienza a majarla con un tenedor o espátula de majar.

5. Cuando esté bien majada, agrega el huevo entero y sigue mezclando. Agrega poco a poco la harina, la pimienta blanca y sigue trabajando la masa con las manos hasta que logres una masa homogénea que se pegue a los dedos.

6. Lleva la masa al picador y córtala en cuatro partes iguales. Trabaja una masa a la vez y conviértela en un fino cilindro hasta lograr que tenga el mismo espesor de lado a lado (como de ¾"). Entonces, corta cada cilindro en ñoquis y colócalos en una bandeja para hornear, con papel de cera para que no se peguen.

7. Echa los ñoquis que vayas a servir inmediatamente en una olla con agua hirviendo con sal por unos 2 a 3 minutos. Te darás cuenta de que están listos porque suben a la superficie. Muévelos con una cuchara de madera para que no se peguen, y no agregues muchos a la vez.

8. Durante esos minutos que hierven los ñoquis, calienta la salsa un poco para servirla a buena temperatura y, si quieres, agrega los ñoquis ya cocidos directamente a la salsa para que agarren más sabor. Si la salsa se te ha secado un poco, agrega una pizca de leche y listo.

 A la espinaca seguro le pasas por el lado en el mercado y nunca la invitas a tu cocina. Ignoramos uno de los ingredientes más ricos en betacaroteno, vitaminas A, K y antioxidantes. Por todo eso la consideran anticancerígena, buena para el corazón, la vista, la artritis, en dietas para bajar de peso y hasta durante el embarazo, por estar repleta de ácido fólico. Es mejor que la lechuga, la puedes comer fresca en ensaladas o caliente, sofriéndola 1 a 2 minutos con aceite, un diente de ajo y balsámico. También puedes decorar los platos usando sus hojas como hago con esta salsa y la del arroz verde de la página 106.

Chaufa de quinoa con camarones

20 minutos; 3 o 4 personas

Con esta receta puedes hacer maravillas. Lo mismo la puedes hacer con arroz blanco, normal, que integral o jazmín. Si no comes carne, elimina la tocineta y agrega más opciones de vegetales como brócoli, zanahoria o hasta brotes de soya. Puedes también hacerlo con langosta o con cangrejo fresco o alguno de lata de primera calidad. Si eres alérgico a los crustáceos puedes hacerlo con pollo o filete, como se lo preparo a mi padre. Si quieres más sabor, agrega un poco del aceite en que sofrías la tocineta. Y si quieres darle el toque picante, atrévete a agregarle un poco de ají amarillo o hasta un serrano sin semillas ni venas le sentará bien.

LO QUE NECESITAS:

1   taza de quinoa

15 camarones medianos, limpios (con o sin cola, como gustes)

2   tazas de caldo de pollo o de vegetales

1   huevo

1   cucharada de jengibre rallado

2   oz de tocineta frita y picada muy fina

3   cucharadas de aceite de semillas de sésamo tostadas

3   dientes de ajo picaditos muy finos

½   pimiento naranja

3   cucharadas de salsa de soya baja en sal

½   taza de guisantes verdes, frescos o congelados

3 o 4 cebollinos (como ⅓ taza)

LO QUE TIENES QUE HACER:

1. Coloca la quinoa en un colador y límpiala con agua por 1 minuto para sacar la capa amarga casi transparente que la cubre.

2. En una olla mediana a temperatura media-alta, añade el caldo y la quinoa; remueve y espera a que hierva. Luego, disminuye al mínimo la temperatura, tapa y deja cocinar por 10 minutos o hasta que la mayor parte del agua se haya evaporado, el grano esté translúcido y tenga un anillo que se le forma a las semillas. Retira y deja a un lado.

3. Usando un wok o una sartén grande a temperatura bien alta, agrega el aceite, el huevo y mezcla bien para formar el revoltillo.

4. Agrega de inmediato el ajo, el jengibre, el pimiento y saltea por 2 minutos.

5. Añade los camarones y cocina bien por 2 minutos sin dejar de saltear.

6. Añade la quinoa, la tocineta, la soya y sigue moviendo para que no se pegue.

Prueba, rectifica de sabor y agrega el cebollino y los guisantes verdes. Mezcla por 2 minutos más y sirve.

Chaufa es como se le conoce al arroz frito que se hace en el Perú, gracias a la gran influencia asiática en su cocina. Y esta versión con quinoa es una forma increíblemente nutritiva de comer el arroz frito, además de que realza la textura y el sabor del plato. La quinoa se considera un grano, pues se cocina como el arroz, pero realmente es la semilla de una planta de la familia de la espinaca. Está repleta de aminoácidos, es alta en magnesio, proteína y contiene una buena dosis de fibra, vitaminas B y E y minerales como hierro, fósforo y zinc. ¿Otro punto a su favor? No tiene gluten. Su consumo es más popular en el Perú, Chile y Bolivia pero ya se consigue en casi todos los países y mercados, incluso en Estados Unidos en la sección de arroces o productos hispanos.

Atún con tomate

35 minutos; 2 personas

Son muchas las recetas que pienso son originales de mi isla y en realidad tienen su origen en el sur de España. Hace cientos de años salpicaron nuestra cocina y las bautizamos con otros nombres como pasa con esta receta que en la costa sur de Puerto Rico le llamamos mojo isleño. Mi madre la cocina con mariscos para servirla con tostones o mofongo, pero es una de esas recetas con origen costeño andaluz. ¡Olé! Si al ir de compras no encuentras o te resulta muy caro el atún fresco, usa una buena conserva de atún, bonito o cualquier otra criatura del mar en su estado fresco: con pescado como me la hacía mi mamá en Semana Santa, con camarones o langosta. No dudes en usarlos juntos o revueltos. Y un chorrito de vino blanco para la salsa y otro para el que cocina, también sienta de maravilla. Si tienes un pasapuré, antes de agregar el atún, cuela la salsa para que te quede fina y delicada.

LO QUE NECESITAS:

- 1 lb de atún, limpio y cortado en pequeños cubos
- 2 lb de tomate fresco o tomates enteros orgánicos enlatados, picados muy finos
- 1 pimiento *cubanelle* o pimiento verde dulce
- ½ cebolla blanca picada muy fina
- 4 o 5 dientes de ajo picados muy finos
- 1 hoja de laurel
- 1 cucharadita de azúcar
- ¼ cucharada de aceite
- Sal y pimienta al gusto

LO QUE TIENES QUE HACER:

1. En una sartén a temperatura media-alta agrega el aceite, el ajo y sofríe por un minuto.

2. Añade la cebolla, el pimiento, el laurel y cocina por 5 minutos más.

3. Agrega el tomate, el azúcar y cocina a temperatura media, tapado, por 25 minutos.

4. Echa el atún, rectifica con sal y pimienta y cocina por 5 minutos o hasta que el atún esté cocido en su punto. No debes cocinarlo de más para que este señor pez, tan elegante, delicado y distinguido, no pierda su encanto.

5. Sirve con pan, ensalada de arúgula o tostones.

El atún es un pescado de la familia de los pescados azules. Generalmente de aguas frías y profundas, cargados de Omega-3, inmensamente beneficiosos para el corazón, buenos para controlar el colesterol y nuestra salud en general. Entre los tipos de atún más comunes están el atún blanco conocido como albacora o bonito, atún de aleta amarilla o *yellowfin*, el rojo o *bluefin* y el de aleta negra o *blackfin*.

Como el atún es alto en hemoglobina, el color del animal se empieza a oscurecer inmediatamente tras su captura y hay todo un mundo de técnicas no muy bonitas para que llegue rojo a nosotros. Siempre pregunta al pescadero, muchas veces juzgamos precios, pero aquí es importante la calidad. De su misma familia son los boquerones, las anchoas, las sardinas y la caballa o *spanish mackerel*, entre otros. Aprovechemos a hacerlos parte de nuestra dieta, frescos de vez en cuando si el presupuesto lo permite o en buenas conservas.

Cuscús perlado con almejas, tomate y cilantro

15 minutos; 2 personas

Si no encuentras el cuscús perlado puedes cocinar la receta sin el cuscús y con solo media taza de caldo; simplemente mezcla con dos porciones de pasta al final o sirve tal cual y come con pan. Esta receta la puedes alterar agregando chorizo español, salchicha italiana o chorizo mexicano. Si no tienes tomates cherry, usa tomate de pera fresco o tomates heirloom. En la receta del 169 te cuento todo lo que debes conocer de este tipo de cuscús que nunca falta en mi cocina.

LO QUE NECESITAS:

1   lb de almejas medianas (20 a 25 almejas)
1   taza de cuscús perlado (cuscús israelí)
1¼ tazas de caldo de pescado o vegetal caliente
     (orgánico o fresco)
½   taza de vino blanco
½   cebolla blanca picada muy fina
5   dientes de ajo picados en rodajas finas
12 tomates *cherry* o *baby heirloom* cortados a
     la mitad
3   cucharadas de aceite de oliva extra virgen
2   cucharadas de perejil o cilantro
Sal al gusto
Pimienta roja al gusto o medio chile serrano o
jalapeño, desvenado y sin semillas

LO QUE TIENES QUE HACER:

1. Sofríe el ajo en aceite de oliva en una sartén a temperatura media-alta por 1 minuto.

2. Agrega la cebolla y sofríe hasta que esté transparente.

3. Echa las almejas, el vino y espera alrededor de 1 minuto a que se reduzca.

4. Añade el cuscús, la pimienta roja, o chile o jalapeño y sofríe por 1 minuto más mientras remueves.

5. Agrega el caldo caliente y los tomates. Remueve, baja la temperatura y cubre con una tapa que deje espacio para que se abran las almejas.

6. Mientras se cocina, muévelo una vez y lo vuelves a tapar.

7. Todas las almejas estarán abiertas y el cuscús cocido en solo 8 minutos. Las almejas que no se abran, retíralas. Sirve y agrega cilantro o perejil fresco como toque final.

En Estados Unidos y la mayoría de los países, almejas son todas y solo se les da un apellido según su variedad. En España, dependiendo de su zona o variedad, llevan distintos nombres como puede ser chirlas o coquinas. Al comprarlas asegúrate de ir a una pescadería de confianza, pedirlas frescas y fijarte que no estén rotas y que no tengan mal olor. Para preservarlas mantenlas en la nevera en un tazón profundo sin agua ni hielo, y no por más de 2 días. Cuando las vayas a cocinar pásalas primero por un tazón con agua fría y sal para eliminar cualquier residuo de arena. Las almejas son nobles, sabrosas y se cocinan en menos de 8 minutos. ¡Anda, atrévete a cocinarlas!

Hornado de chancho ecuatoriano

15 minutos, el resto lo hace el horno; 6 personas aproximadamente

Aunque es una tradición en todo el país, es típico de la sierra de Sangolquí ecuatoriana, y de mi cocina desde que conocí Quito. Entrar a un mercado de pueblo y ver estos chanchos, como le llaman ellos al lechón (cerdo), es todo un paisaje culinario. Son puestos y puestos de "picanterías" que llenan de color, aroma y sabor toda la cuadra. Quise hacer la receta simple y fácil para convencerte de prepararla. Tradicionalmente se come con papas amarillas asadas que puedes asar a la vez, luego las majas y las bañas del mismo jugo de la carne después de cocida para que agarre el color que muestra la foto. En ocasiones, al puré se le añade cebollino, queso mozzarella y achiote, se le da forma de tortas y se le llaman llapingachos. Sírvela con lo que gustes, pero nada más rico que las papas se horneen junto al chancho pues agarran todo su sabor y color.

LO QUE NECESITAS:

6 a 7 lb de hombro de pernil de cerdo
12 oz de cerveza rubia (o chicha de jora)
¼ taza de aceite de oliva extra virgen o girasol
3 ramas de cebollín (cebolla verde o cambray)
1 cabeza de ajo, pelada entera
1 naranja agria o 1 limón
2 cucharaditas de achiote
1 cucharadita de comino
½ cucharadita de pimienta molida
1 cucharada de sal

LO QUE TIENES QUE HACER:

1. Limpia con agua el cerdo, sécalo bien y transfiérelo a un molde de hornear que quepa en la nevera.

2. Con una batidora de mano o licuadora, prepara el marinado con todos los ingredientes.

3. Baña el pernil por todas partes, incluso hazle unas incisiones con un cuchillo fino para agregarle el sazón también debajo de la piel. Continúa "masajeando" el chancho para asegurar que quede bien impregnado del marinado.

4. Tápalo y llévalo a la nevera hasta el día siguiente.

5. Precalienta el horno a 325 ºF y cocina 15 minutos por libra o hasta que la carne alcance una temperatura de 160 ºF. Generalmente el cerdo tarda una media hora por libra, pero como te recomiendo cocinarlo a baja temperatura, quizás se tarde un poco más.

6. Déjalo descansar fuera del horno, tapado, unos 15 minutos antes de cortarlo.

La chicha de jora es una bebida de maíz fermentado, tradicional y considerada sagrada por los antepasados. Se toma en festividades típicas y se añade a recetas como esta del hornado. En sustitución de la chicha usé naranja agria y cerveza, y todos felices: un traguito para el chancho y otro para el que lo cocine. A la naranja agria, usada mucho en Cuba y la península de Yucatán, México, entre otros países, la reconoces porque su piel es más oscura, opaca y arrugada que la de una naranja común. Parece una naranja pasada de tiempo pero no lo está. Si no la encuentras, usa un limón *meyer* o combina una naranja común con un limón.

Pernil boricua con guineítos

4 horas aproximadamente; 6 a 8 porciones o más si es para compartir

Mientras el cerdo está en el horno, hierve las bananas peladas en agua con sal hasta que estén suaves; las retiras, las bañas en aceite de oliva y listo. Dependiendo de tu gusto, puedes agregar al marinado comino, naranja, naranja agria, coriandro o tomillo. Los boricuas amamos el cerdo, lo disfrutamos de todas formas pero la más tradicional es entero, en leña y a la varita, como hacía la generación de mis abuelos. Cuando visites la isla, da la vuelta por la zona montañosa de Guavate, Cayey u Orocovis para que te den una cátedra de sabor. Por suerte, hoy día, salir a las montañas a comerlo sigue siendo una gran aventura para todos. Y comer las sobras en un sándwich, en croquetas, empanadillas o desmenuzado dentro de un arroz guisado con gandules es una experiencia religiosa.

LO QUE NECESITAS:

Hombro de cerdo de 12 a 15 lb
12 guineítos (bananas) verdes
¾ de taza de aceite de oliva extra virgen
1 cabeza de ajo entera, limpia y machacada
1 cucharada de achiote (annato)
1 cucharada de orégano seco
1 cucharada de perejil seco
¼ racimo de cilantro fresco
Sal al gusto (prefiero la sal *kosher*)
Pimienta al gusto

LO QUE TIENES QUE HACER:

1. Usando la licuadora, combina bien el aceite, el ajo, el sazón, el orégano, el perejil, el achiote, el cilantro y deja a un lado.

2. Limpia el cerdo con agua, sécalo bien y transfiere a un plato profundo de hornear.

3. Con las manos y con mucho amor, báñalo con el adobo por todas partes; además, con un cuchillo fino hazle 3 o 4 incisiones por diferentes áreas para que agarre sabor por dentro. Despega suavemente la piel de la carne y sazona. Esto ayudará a que el "cuerito" se ponga crujiente fácilmente.

4. Agrega la sal y la pimienta.

5. Tápalo y refrigera hasta el día siguiente.

6. Cuando lo vayas a cocinar, retíralo de la nevera y precalienta el horno a 325 °F.

7. Una vez el horno esté caliente, cocina por aproximadamente 30 minutos por libra o hasta que el termómetro marque 160 °F. Nunca lo vires y báñalo de vez en cuando con el jugo que suelta.

8. Cuando esté *ready to relax*, lo sacas del horno y lo dejas descansar unos 15 minutos antes de cortar. Lo que queda es pelearse por ser uno de los primeros en comerse un pedazo de cuerito.

9. Corta y baña con su propio jugo y sirve con guineos verdes hervidos para que sepa a un verdadero plato de montaña o navidad boricua.

Bendito sea Cristóbal Colón que nos lo trajo en su segundo viaje a América. Desde entonces, cada país hizo al cerdo tan suyo como el vecino del lado; está en la cocina tradicional de casi todos los países que hablan español. Le llamen pernil, chancho, lechón, cochino, marrano, cochinillo o como sea, es siempre memorable. Esta es la receta del pernil que hacía mi abuelo Noel. Búscalo en el mercado como paleta, hombro o pernil de cerdo, que es la parte jugosa de la pierna. Prefiero la trasera pero la delantera se puede cocinar igual, tal como viene sin sacarle grasa ni piel. Cocino a baja temperatura para que quede tierno pero con la piel crujiente, algo parecido al cochinillo lechal de 21 días de nacido que me como en el Mesón de Cándido en Segovia, España, o a unas deliciosas carnitas de la sagrada tierra de México.

Pargo rojo hogao en hoja de plátano

40 minutos; 2 personas

Un día que me dio por ponerme creativa en casa y envolví el pescado en una hoja de plátano descubrí lo rico que es y que, además del aroma que aporta, permite que algunas áreas queden hasta crujientes. Sirve con ensalada, plátano maduro frito, arroz, cuscús, tostones, yuca o boniato (batata) frito. Si no encuentras pargo rojo, usa otra variedad de pargo como el de cola amarilla o el sargo o besugo que son pescados muy parecidos. Puedes agregarle la hierba que gustes. También lo hago con rodajas de limón, tomate, ajo, tomillo fresco, sal y pimienta y hasta solo con limón, orégano, sal y pimienta y queda bien. Ponte creativo con tu propia versión y luego me cuentas.

LO QUE NECESITAS:

Pargo rojo entero de 2 lb aproximadamente

Hojas de plátano

¼ de taza de aceite de oliva extra virgen

3 dientes de ajo

1 cucharadita de orégano seco

5 ramitas de cilantro (1 cucharada aproximadamente)

3 ramas de cebollín (cebolla de cambray)

Jugo de ½ limón

1 limón en rodajas

1 tomate pera entero

Sal y pimienta al gusto

LO QUE TIENES QUE HACER:

1. Precalienta el horno a 400 ºF.

2. En la licuadora o procesador de alimentos prepara el hogao agregando el aceite, el ajo, el jugo de limón, el tomate, el cilantro y el cebollín. Mezcla hasta que tome una consistencia espesa y homogénea.

3. Coloca el pescado limpio sobre una hoja de plátano grande para que luego lo puedas envolver bien.

4. Hazle unos pequeños cortes sesgados para que le entre sabor y échale orégano, sal, pimienta y después baña el pescado con el hogao. Añade las rodajas de limón por arriba y por abajo y envuélvelo con la hoja, doblando los extremos para que no se quede ninguna esquina abierta.

5. Colócalo en un plato de hornear y llévalo al horno por 30 minutos.

6. Déjalo cerrado hasta que lo vayas a servir y así ayudas a que no se seque y se termine de cocinar si le faltara un poco. Procura no cocinarlo de más para que no te quede seco.

7. El caldo que haya soltado te sirve como salsa para adornarlo por arriba. Prepárate a disfrutar de este derroche de sabor.

 El pargo o huachinango, como le llaman en México y algunas costas de Latinoamérica, es un pescado de roca, de color rosa casi rojo con degradación de color. Es uno de mis pescados favoritos pues vive feliz en las costas de Puerto Rico y la Florida, donde vivo yo. Es de carne blanca rosácea, firme y de sabor suave. Lo puedes cocinar en cebiche , a la plancha, a la parrilla, frito, en tiradito, al vapor y hasta asado como en esta receta. Cómpralo el día que lo vayas a cocinar y en una pescadería de buena reputación. Lo que buscas es que huela suave, a mar, no agrio ni a amoniaco, que sus ojos estén brillantes, no opacos y que su piel sea firme y de color vivo. Quieres que te lo limpien y te lo dejen listo para cocinar. Recuerda pedir una bolsita con hielo para que no esté fuera de temperatura en lo que llegas a tu casa.

Fetuccine de tira de asado y malbec

20 minutos, el resto lo hace el horno; 4 personas

Si te gustan los sabores intensos, ésta es tu receta. Es fácil, el horno hará la mayor parte del trabajo por ti. Puedes hacerla sin la pasta y disfrutar de la carne con las verduras, incluso agregando remolacha y papas rojas. Esta técnica de cocción es la braised que te explico en la página 21. Siempre que lo veas estará la carne sellada y luego cocinada a baja temperatura en horno u olla, para que quede bien tierna. Este tipo de costilla de tira de asado es muy fácil de hacer a la parrilla o la barbacoa, se cocina por unos 10 minutos a fuego muy intenso, y es un corte con mucho sabor así que sal gruesa y un poco de pimienta será suficiente para saborearla. Para acompañar esta carne, no hay excusas, toca servir una copa de vino de uva Malbec o Bonarda de Argentina.

LO QUE NECESITAS:

- 1 lb de pasta *fetuccine*
- 2 lb de corte de asado de tira
- 1 cebolla blanca grande, picada en trozos de 1"
- 5 dientes de ajos enteros
- 15 oz de tomates San Marzano o tomate pera de lata, sin el agua
- 2 zanahorias medianas, peladas y cortadas en trozos de 1"

- 1 tallo grande de apio, limpio y cortado en trozos de 1"
- 2 tazas de vino Malbec, del mismo que tomes tú
- 2 cucharadas de perejil fresco
- 1 cucharada de aceite de oliva extra virgen o girasol

Sal y pimienta al gusto

LO QUE TIENES QUE HACER:

1. Precalienta el horno a 300 ºF.

2. Limpia la carne, colócala sobre un papel toalla y agrega sal y pimienta al gusto.

3. En una sartén grande a temperatura muy alta, agrega el aceite de oliva o girasol y sella la carne por 1 o 2 minutos por cada lado para dorarla.

4. Retírala, sirve en un plato de hornear y deja a un lado.

5. En la misma sartén donde sellaste la carne y sin limpiar, saltea a fuego alto por 2 minutos la cebolla, el apio, la zanahoria, los ajos, un poco de sal y pimienta.

6. Añade el vino y con una espátula de madera o goma elimina todo lo que ha quedado de fondo pegado a la

sartén y transfiere todo al molde de hornear donde tienes la carne, incluido el líquido y los tomates que toca agregar.

7. Cubre con papel de aluminio y lleva al horno por hora y media, volteando la carne a los 45 minutos.

8. Una vez que la carne esté bien tierna, retírala del horno y deja que pierda un poco de temperatura.

9. Mientras, cocina la pasta en agua con sal por 9 minutos o hasta que esté *al dente*.

10. Deshilacha la carne, la mezclas con el vino y las verduras en la que se cocinó, añades el perejil y lo mezclas bien con la pasta *al dente* caliente en una olla o sartén grande.

11. Sirve y decora con más perejil fresco. Te acordarás de mí.

 La tira de asado es un corte de costilla de res que no falta en un asado argentino. Es sabrosa, más larga y delgada que el *short rib* y se llama *flanken short rib* en inglés. Es similar a un corte coreano llamado *kalbi*. En Perú y uno que otro país más se consume mucho, pero los diferentes nombres de cortes de país en país nos llevan a veces a la locura. ¡De haber los hay! El que busca encuentra y el que pregunta aprende. Pregunta al carnicero y si las que tiene son *short ribs*, cocina por una hora más o hasta que estén bien tiernas y se desprendan del hueso. Es un corte fantástico hasta para guisos y sopas por su contenido de grasa y por ser vasto en sabor.

Tacos de pavo en salsa guajillo

40 minutos; 3 o 4 personas

Esta receta la puedes hacer con pollo, con carne o con cerdo. En mi casa no falta en chuletas de cerdo o pollo asado al menos una vez por semana. Es uno de mis platos favoritos, así que ya sabes que me lo puedes hacer si me invitas a tu casa. Mi recomendación es que de una receta así hagas mucha cantidad para que reinventes con ella durante la semana. También la puedes disfrutar con ensalada, plátanos o arroz. A esta receta yo suelo hacerla también con lomo o medio hombro de cerdo y luego la sirvo mezclada con pasta. Es cuestión de inventar pues no muerde.

LO QUE NECESITAS:

- 2 lb de caderas y/o pechuga de pavo
- 1 cucharada de aceite de oliva extra virgen
- 6 chiles guajillo
- 1 taza de caldo de pollo (orgánico o fresco)
- 1 tomate pera
- ½ cebolla blanca
- 4 dientes de ajo
- 1 cucharadita de orégano
- 2 espigas de cilantro fresco o 2 hojas de epazote

Sal y pimienta al gusto
Aguacate a gusto
Rábano a gusto
Queso fresco o de hoja al gusto

LO QUE TIENES QUE HACER:

1. Limpia los chiles con un paño húmedo y salpimienta el pavo.

2. Calienta los chiles en un comal o una sartén a temperatura alta por 1 o 2 minutos y hazlos a un lado.

3. Dora en el mismo comal el tomate, la cebolla y los ajos hasta que algunas áreas se pongan negras.

4. Retira las semillas y las venas de los chiles y sumérgelos en un tazón con agua por 15 minutos para hidratarlos.

5. Combina en una licuadora el caldo, los chiles (sin el agua), la cebolla, el tomate y los ajos y mezcla bien.

6. Agrega aceite de oliva en una sartén a temperatura media-alta y dora el pavo durante 3 minutos por cada lado.

7. Baja la temperatura a media-baja, agrega la salsa de guajillo, sazona con orégano, epazote o cilantro y sal, tapa y deja cocinar por unos 20 minutos.

8. Luego retira el pollo, desmenúzalo y regrésalo a la salsa que sobró. Sirve los tacos en tortillas de maíz con aguacate, rábano, queso fresco o de hoja y cilantro al gusto.

El guajillo es un chile seco que generalmente consigues en bolsa en el mercado. Es de color rojo brillante y de forma alargada. Este es sin duda uno de los chiles más usados en México y uno de los más sabrosos, que da un color rojo vibrante a salsas, guisos y moles. Plato donde pinte o sazone un guajillo, plato que querrás devorar. Solo tienes que retirar sus semillas y venas para vivir su sabor con poca o ninguna pizca de picor. Combinado en cualquier receta con el chile ancho y/o chile pasilla es una muy sabia opción.

Seco de carne

60 minutos; 4 personas

Las arvejas, o guisantes dulces, y las zanahorias le dan la chispa dulce a la receta. Trata de optar por las arvejas frescas o congeladas ya que las enlatadas tienen menos sabor, textura y nutrición. Si no quieres usar tanta cerveza en la receta, sustituye la mitad de la porción por caldo de carne, pero ten en cuenta que al encanto de esta receta se lo da la cerveza negra. Otra opción es usar una cerveza rubia o vino tinto. Cuando mi hermana probó este seco de carne, le recordó a la carne guisada de mi madre. La realidad es que la distancia física que nos separa de ciertos países se hace corta gracias a todo lo que compartimos en sabor y tradiciones.

LO QUE NECESITAS:

2 lb de carne de res para guisar
1 cebolla roja, cortada en cuatro
1 tomate pera, picado en dos
5 dientes de ajo, pelados
8 oz de cerveza negra
3 cucharadas de aceite de oliva extra virgen
½ taza de cilantro fresco picado bien pequeñito
1 cucharadita de ají amarillo o 1 ají amarillo blanqueado, desvenado y sin semillas
2 o 3 zanahorias, peladas y cortadas en rodajas
½ taza de arvejas, frescas o congeladas
1 cucharadita de comino
Sal y pimienta al gusto

LO QUE TIENES QUE HACER:

1. Tritura la cebolla, el tomate, el ajo, la cerveza, el ají y el cilantro en la licuadora y deja a un lado.

2. Salpimienta la carne y séllala bien por todos los lados en una olla profunda a temperatura alta con aceite de oliva.

3. Después agrega a la olla la mezcla de la batidora y el comino.

4. Mezcla todo bien y, una vez que hierva, tapa, baja la temperatura a media-baja y cocina por 40 minutos.

5. Agrega las zanahorias y cocina por 10 minutos más, o hasta que la carne esté tierna.

6. Prueba de sal y pimienta, agrega las arvejas y mezcla bien.

7. Sirve con arroz blanco y ensalada de aguacate, como me gusta a mí.

El seco es uno de mis platos favoritos del Perú y Ecuador. Ambos países hacen una versión y yo adapté la mía. En este caso me inspiré más en la que aprendí de mis amigos ecuatorianos, y llevé todos los ingredientes a la licuadora para así no pasar mucho trabajo cortando como se hace con el seco en Ecuador. El uso de la cerveza en la carne no solo es para macerarla sino para que aporte sabor y jugosidad. Practica echándola unos minutos antes de agregar la carne a la parrilla o incluso en guisos, en vez de usar vino; es también una buena opción. En algunas recetas tradicionales de Puerto Rico, Cuba, México, el Perú y Venezuela se usa esta técnica.

Quinoa con pavo, calabaza dulce y hierbas

30 minutos; 2 a 4 personas

A esta receta la hago siempre que tengo sobras de pavo, pollo o cerdo del día anterior. También la puedes hacer hasta con camarón o cangrejo. Si quieres sofreír con la cebolla y el ajo, medio chile serrano, anaheim o jalapeño, le va de maravilla también. Cuando vayas a cocinar la calabaza, pélala, retira sus fibras, sus semillas y corta en pedazos de una pulgada para que se cocine uniformemente y en 10 minutos. Siempre que hiervas alguna verdura o tubérculo, ten en cuenta lo mismo, así no pierdes tiempo y garantizas que todo se cocine bien. Si no te gusta la calabaza o no tienes, puedes añadir zucchini.

LO QUE NECESITAS:

1   **taza de quinoa**
2   **tazas de caldo de pollo (orgánico o fresco)**
1   **lb de calabaza dulce**
1   **lb de pavo cocido**
3   **cucharadas de aceite de oliva extra virgen**
1   **cebolla blanca mediana picada muy fina**
2   **dientes de ajo fresco picados muy finos**
2   **cucharaditas de tomillo**
5 o 6 hojas de salvia
Sal y pimienta al gusto

LO QUE TIENES QUE HACER:

1. Echa la quinoa en un colador y colócalo debajo del grifo de agua para lavarla por al menos 1 minuto.

2. En una olla, echa el caldo de pollo o agua junto a la quinoa, sala y deja a temperatura alta hasta que empiece a hervir.

3. Baja la temperatura al mínino, la tapas y la dejas cocinar por unos 15 minutos, o hasta que el agua se haya evaporado. Si se cocina antes, cuela el agua que quede y sirve a un lado la quinoa. Sabrás que está lista porque se le formará un anillo a las semillas y adquirirán cierta transparencia.

4. Mientras, pela la calabaza, hierve por 10 minutos, cuela y deja a un lado.

5. En una sartén aparte, agrega el aceite de oliva y sofríe el ajo por 1 minuto a temperatura media, añade la cebolla y deja cocinar hasta que esté translúcida.

6. Agrega la quinoa, el tomillo, la salvia, mezcla bien y transfiere todo a un tazón.

7. Añade el pavo deshilachado o en cubos, la calabaza y la pimienta.

8. Mezcla y sirve.

 Las hierbas frescas tienen su encanto decorativo, botánico, medicinal y por supuesto que culinario. Tener algunas sembradas en tu casa es una bendición pero si no tienes o puedes, al menos úsalas de vez en cuando pues su aroma baña tu cocina, tu plato y tu paladar. Cómpralas que se vean saludables, vivas, despiertas, sin manchas negras y cuando llegues a la casa, arrópalas bien en papel toalla y guárdalas en la nevera en una bolsa de cierre fácil para que te duren 5 o 6 días en buen estado. El tomillo, la salvia, el orégano y el romero se llevan bien, combínalas como gustes, y sobre todo en el otoño y el invierno que es cuando mejor encuentras el romero y la salvia.

Pollo asado con vegetales y hierbas

10 minutos, el resto lo hace el horno; 4 personas

Este fue uno de los primeros platos que hice de chica cuando tenía 9 años y quise darle una sorpresa a mi mamá. Aún recuerdo que agarré ajo, coliflor, brócoli y zanahorias, rellené el pollo y lo adobé con un marinado parecido. Desde ese día mis padres me dieron libertad en la cocina de casa. Ponte creativo con el marinado, no hay nada más sabroso que un pollo entero cocido a la perfección. Aquí se vale todo: romero, perejil, páprika, vinagre blanco, jugo de naranja o limón o cualquier pasta de chile, entre otras opciones. Recuerda que haciendo 1 o 2 pollos a principio de semana te facilita reinventar platos con lo que te sobre. En ensaladas, tacos, con arroz, quinoa, cuscús, en empanadas o hasta en un sándwich.

LO QUE NECESITAS:

- 1   pollo entero de 3 a 4 lb
- ¼   de taza de aceite de oliva extra virgen
- 4   dientes de ajo grandes, picados muy finos o machacados
- 4   dientes de ajo enteros para los vegetales
- ½   sobre de sazón con culantro y achiote o 1 cucharadita de achiote
- 2   cucharaditas de orégano
- 4   espigas de tomillo, fresco

Sal y pimienta al gusto

OPCIONES DE VEGETALES:

Zanahorias peladas y cortadas en pedazos, papas miniatura o picadas en trozos pequeños. Puedes usar la amarilla, la azul o la dulce, limpias y sin pelar. Remolacha roja o naranja (betabel), pelada y cebolla roja picada en 8 partes.

LO QUE TIENES QUE HACER:

1. Precalienta el horno a 375 °F.

2. Retira el pollo de la bolsa y descarta la bolsita que viene en su interior, límpialo con agua y sécalo bien. El pollo debe de ir atado, aunque no es estrictamente necesario.

3. Sazona el pollo mezclando el aceite de oliva, los dientes de ajo machacados, el orégano, el sazón o achiote, sal y pimienta.

4. Cubre toda la superficie del pollo para que agarre mejor sabor, y si te animas, pásale el marinado por debajo de la piel.

5. Añade todos los vegetales y los dientes de ajo enteros en la bandeja de hornear.

6. Agrégale un poco más de aceite de oliva, el tomillo, sal y pimienta.

7. Coloca el pollo sobre los vegetales y rostiza, sin tapar y con la pechuga hacia arriba por aproximadamente 20 minutos por libra o hasta que el termómetro marque 160 °F.

8. Cuando esté listo, retíralo del horno inmediatamente para que no se siga cocinando. Cúbrelo con papel de aluminio por 10 minutos para que te quede más jugoso y sabroso.

9. Corta y sirve.

La mejor forma de disfrutar los vegetales es horneados o la parrilla. Ya sea espárragos, zanahorias, cebollas, remolacha, coles de bruselas, pimientos, *zucchini*, berenjena, cebollas, tomate, brócoli o *broccolini*, coliflor y hasta la papa sea dulce, morada o amarilla, horneada es mejor. Agrega siempre aceite de oliva, pizca de sal y pimienta, unos dientes de ajo enteros y alguna hierba aromática. Pero siempre selecciona los vegetales pensando en su tamaño y tiempo de cocción para que se hagan al mismo tiempo y ninguno se cocine de más. Aprovecha a hornear cualquier proteína y junto a ella agregas los vegetales para que pases menos trabajo.

Chuletas de cerdo sobre frijoles pintos

20 minutos; 2 personas

La inspiración de esta receta me vino en un viaje a España qué jamás olvidaré. En él conocí por primera vez a los grandes cocineros Ferran Adrià de El Bulli y Joan y Jordi Roca de El Celler de Can Roca, con quienes tomé algunas ponencias en un congreso de gastronomía en Cataluña. Pedí que me llevaran a un restaurante de comida casera para almuerzo y a otro para la cena. Para almuerzo me llevaron al restaurante de la madre de Joan y Jordi Roca y fue memorable. Y al que fui para la cena, me sirvieron un plato similar a este con unos porotos o alubias típicas de la zona y muy similares de sabor a las pinto. Esta receta puedes hacerla con frijoles cranberry, frijol canario o mayocoba o blancas normales.

LO QUE NECESITAS:

15 oz de frijoles pintos o mayocoba, con su agua

3   chuletas de cerdo finas

1   cebolla blanca, picada pequeña

5   dientes de ajo, picados pequeños

⅓ de taza de aceite de oliva extra virgen

2   cucharadas de cilantro

Sal y pimienta al gusto

LO QUE TIENES QUE HACER:

1. Sazona las chuletas con sal, pimienta y lleva a una sartén bien caliente con 2 cucharadas de aceite de oliva y mantén a temperatura alta hasta que se doren bien, por 3 a 5 minutos por cada lado. Recuerda no voltearlas hasta que estén bien doradas por el primer lado.

2. Cuando estén ya doradas, resérvalas en un plato y cúbrelas con papel de aluminio mientras preparas los frijoles.

3. Baja la temperatura de la sartén a media, agrega el aceite restante y sofríe el ajo por 1 minuto.

4. Agrega la cebolla y cocina hasta que esté transparente; luego raspa el fondo de la sartén con una cuchara de madera o de silicona para que las cebollas se impregnen de la caramelización que dejaron las chuletas mientras se cocinaban.

5. Cuando las cebollas estén tiernas, agrega los frijoles con su agua directamente de la lata o la olla donde los ablandaste, mezcla bien y cocina por 3 minutos más.

6. Añade sal y pimienta, cilantro fresco y a comer con chuletitas encima.

 El cerdo es uno de los amores de mi vida. Mis amigos dicen que tengo una cerdita por dentro pues me lo vivo en cada país que visito. Nuestras abuelas cocinaban mucho con él y muchos de nuestros platillos típicos se basan en esta simpática y sabrosa criatura repleta de proteínas, thiamina, vitamina B-6, fósforo, zinc y potasio, entre otros minerales y vitaminas. Según estudios del Departamento de Agricultura de Estados Unidos, un filete de lomo de cerdo contiene la misma cantidad de proteína y un poco menos de calorías y grasa que una pechuga de pollo. Así que como la vida se vive con equilibrio, nunca lo abandono y por eso lo verás en varias de mis recetas.

Camarones y vieiras sobre *hummus* criollo

20 minutos; 3 o 4 personas

Esta receta lo mismo la haces solo de camarones que con vieiras o los dos. El puré lo puedes hacer de cualquier frijol, pocha o haba blanca y también te quedará rico. Incluso puedes agregar pimientos rojos o cualquier chile cuando los licúes en la licuadora. Hay días que encima del majado le pongo un salteado de vegetales con zanahoria, zucchini, pimientos del piquillo y espárragos, que salteo por 3 minutos con aceite de oliva, sal y pimienta. Lo mismo lo hago de aperitivo en porciones muy pequeñas, en un plato familiar a la mesa o para servir como cena como te lo muestro en la foto.

LO QUE NECESITAS:

- 1 lb de vieiras y/o camarones
- 15 oz de garbanzos, cocidos (sin el agua)
- 6 dientes de ajo, en rodajas finas
- 1 cebolla blanca picada muy fina
- ½ taza de caldo de pollo (orgánico o fresco)
- ½ taza de aceite de oliva extra virgen
- Pimentón dulce (páprika)
- Sal y pimienta al gusto
- Perejil para decorar
- Pan pita a gusto

LO QUE TIENES QUE HACER:

1. Agrega 2 o 3 cucharadas de aceite de oliva en una sartén y sofríe el ajo a temperatura media-alta hasta que se doren bien.

2. Añade la cebolla y cocina hasta que esté tierna y translúcida.

3. Agrega los garbanzos y cocina por 5 a 7 minutos.

4. Transfiere todo a la licuadora con ¼ taza de caldo, una pizca de pimentón y mezcla o trabaja en la misma olla si tienes una batidora de mano. Debe quedarte un puré bien espeso. Si prefieres una consistencia más suave, agrega el otro cuarto de porción de caldo y llévalo a la estufa, rectifica de sal y pimienta y déjalo a temperatura mínima hasta que sirvas.

5. Sazona las vieiras y/o los camarones con sal y pimienta.

6. Agrégalas a una sartén que esté bien caliente a temperatura media-alta con aceite de oliva y cocina por 2 minutos por cada lado si son camarones medianos a grandes y 3 minutos por cada lado si son vieras, sin mover hasta que no cumplan su tiempo. Buscas caramelizar las vieiras, dorarlas bien hasta que se les forme una capa crujiente por cada lado. Verás que se empiezan a quebrar por arriba, lo cual es señal de que vas por buen camino.

7. Con los camarones, buscas que estén rosados y ligeramente dorados en 2 a 3 minutos por cada lado.

8. Deja espacio suficiente entre cada uno. Decora con un chorrito de aceite de oliva o perejil y más pimentón.

9. Sirve con un poco de pan pita o *flatbread* caliente, si gustas.

Te sorprendería saber el número de variedades de garbanzos que existen. Aunque es originario de Turquía, en Grecia lo tienen muy presente en sus platos. Mientras que en España se dan tan bien que tienen denominación de origen para protegerlos, e incluso hay una variedad en Navarra que tarda hasta 24 horas en ablandar. La realidad es que, aunque unos puedan ser más sabrositos que otros o variar en tamaño, todos son igual de nutritivos. Los garbanzos aportan fibra, proteína, hierro, magnesio, ácido fólico, además de ser bajos en grasa, ayudar a bajar el colesterol y controlar los niveles de azúcar. Frescos o hidratando los secos son una experiencia fuera de este mundo, pero benditos sean los que vienen cocidos porque son una opción instantánea.

Filete de mero sobre cuscús perlado con chorizo

20 minutos; 2 personas

Esta receta va perfecta con cualquier filete de pescado, incluso con pollo, camarones o vieras. Una vez la hagas, sentirás la confianza para ponerte creativo y prepararlo en otras ocasiones con curry o azafrán. El chile serrano lo puedes sustituir por el chile de Nuevo México o jalapeño para los más valientes. Recuerda que si usas chorizo mexicano lo debes de cocinar primero, antes de sofreír el ajo y la cebolla, pues viene crudo y no cocido como el chorizo español. De esa forma no tienes que agregar el aceite de oliva de la receta pues con la grasa que elimine será suficiente. Si no quieres usar chorizo, unas almendras tostadas y uvas pasas vendrán de maravilla porque le aportarán un toque dulce y crujiente espectacular. No dudes en guardar lo que sobre porque lo podrás disfrutar hasta frío en una ensalada.

LO QUE NECESITAS:

2 lomos de mero de ½ lb cada uno, con o sin piel

1 taza de cuscús

1 ¼ tazas de caldo de pollo (orgánico o fresco)

2 dientes de ajo picados muy finos

2 chalotes o media cebolla blanca (¼ de taza) picadita muy fina

1 oz de chorizo español pequeño (estilo casero)

1 cucharada de cilantro o perejil fresco

¼ taza de aceite de oliva extra virgen

Sal y pimienta al gusto

1 chile serrano, sin venas, ni semillas y picado bien pequeño (opcional)

Pimentón dulce para decorar

LO QUE TIENES QUE HACER:

1. Seca con un papel toalla los dos lomos, sazónalos con sal y pimienta y deja a un lado.

2. Agrega 2 cucharadas de aceite de oliva y el ajo en una sartén a temperatura media-alta y sofríe por 1 minuto.

3. Agrega la cebolla y sofríe hasta que esté transparente.

4. Echa el cuscús y sofríe por 1 minuto mientras lo remueves.

5. Añade el chorizo, el chile (si gustas) y el caldo de pollo, remueve, disminuye la temperatura a casi el mínimo y tapa.

6. Muévelo una vez más cuando lleve 4 minutos cocinándose y vuelve a tapar. Estará *al dente* (cocido) en 8 minutos aproximadamente.

7. Mientras se cocina, calienta a temperatura media-alta otra sartén, con 2 cucharadas de aceite de oliva y, cuando esté caliente, agrega y cocina el mero por el lado de la piel (si tiene piel) por unos 4 minutos, luego dale la vuelta con una espátula y cocina por 3 o 4 minutos más dependiendo del grueso del corte. Si sigues estas instrucciones paso a paso, se cocinará todo a la vez.

8. Agrega en cada plato el cuscús con el filete de mero por arriba y decora con pimentón dulce, perejil o cilantro, al gusto.

 Te presento el cuscús porque quiero que le pierdas el miedo a lo desconocido. Tenemos solo una vida para saborear y hay que descubrir nuevos ingredientes. El cuscús es cotidiano en cocinas de Marruecos, la Arabia Saudita e Israel, entre otros. En muchos hogares esta sémola de trigo es el menú de los viernes para aprovechar restos de vegetales o carne de la semana. En un supermercado de mucha variedad, en la sección de arroz o pasta, encontrarás dos tipos: el marroquí, que es el de la receta de la página 125 y que se prepara en 5 minutos, y el israelí o perlado que es más grueso, tipo pasta y se hace en 8 minutos. Los dos son fáciles de cocinar y geniales pues se hinchan en tu estómago y te llenas rápido, así que nos ayuda a sentirnos satisfechos sin comer mucho. En Estados Unidos se ha puesto muy de moda y en mi casa es una opción de casi todas las semanas.

Fideuá de pescado

20 minutos; 4 a 6 personas

Aún recuerdo la que me hizo mi amigo Ángel y su esposa Pilar con caballas que habíamos pescado el día anterior en aguas gaditanas. La fideuá es un modesto y sabroso guiso español, de zonas pesqueras y natural de Valencia. Es una alternativa fácil para los amantes de la paella que se puede preparar con coditos pequeños o cabello de ángel cortos, como la de la sopa seca con espárragos de la página 185. Puedes usar pargo, besugo, mero, dorado, blanquillo, caballa o cualquier pescado firme y blanco. Le puedes agregar almejas o mejillones que se cocinan a la vez. Si añades camarones, sofríelos al principio por 2 minutos, los retiras y luego los regresas 2 minutos antes de que se termine de cocinar la pasta. Si no puedes hacer el caldo de la página 37, compra un caldo de pescado envasado de buena calidad. El azafrán está permitido aunque prefiero dejar la receta en un estado más básico, pero media taza de vino blanco le sentará genial... y a ti también. Yo siempre la bautizo.

LO QUE NECESITAS:

1   lb de coditos pequeños o fideo gordo de fideuá

1½ lb de filete de pescado blanco, sin piel y picado en dedos de 2 pulgadas

4   tazas de caldo de pescado (orgánico o fresco)

2   pimientos verdes *cubanelle*, sin semillas y picados muy finos

1   pimiento rojo, sin semilla y picado muy fino

2   tomates pera picados muy finos

4   dientes de ajo picados muy finos

1 o 2 cucharadas de perejil, para el final

1   cucharadita de pimentón dulce

¼ cucharada de aceite

Sal al gusto

LO QUE TIENES QUE HACER:

1. Sofríe el ajo en el aceite por un minuto en una sartén a temperatura media-alta.

2. Añade primero los pimientos, cocina por 3 minutos, y luego echa el tomate y sofríe por 5 minutos más.

3. Agrega el pimentón, el caldo y remueve todo bien. Cuando empiece a hervir, agrega la pasta y mezcla.

4. Cuando veas que comienza a hervir echa el pescado, mezcla, tapa y cocina por 10 minutos.

5. Antes de servir agrega el perejil, y listo. Este plato es para comer inmediatamente para que todos los ingredientes se mantengan en su punto.

La versión más rica de la fideuá se hace con ñora, un pimiento rojo que es parte de la cocina tradicional española, aunque su origen está en Latinoamérica. Esta guindilla típica de Murcia, Cataluña y Valencia es redonda, de color rojo oscuro, brillante, semicarnosa y se seca al sol. La conocí en Elche, Alicante, gracias a la familia Orts. Su sabor es el característico de un chile seco, pero es dulce y su aroma es intenso. Es una de las variedades usadas para hacer pimentón dulce y se trabaja igual que otros chiles secos: hidratándolos en agua tibia por 20 minutos y retirando las semillas, con la diferencia de que ellos le raspan la piel para retirar la "carne" con un cuchillo, y la piel se descarta. No lo usé en la receta, pero si quieres vivir la experiencia, lo consigues en tiendas de productos españoles o en tiendas *online*.

Carne colorada

40 minutos; 2 o 3 personas

Me enamoré de este plato en mi primera visita a Ecuador. Es típico de las provincias del norte y se hace con un tipo de cebolla que llaman "paiteña" y en ocasiones le agregan ají. Es como una versión rápida de la cochinita pibil de Yucatán y algo similar a un seco de carne de Ecuador o el Perú. Cuando la preparo en mis programas, mis compañeros acaban con ella y no queda ni el rojo del achiote en el plato. La puedes hacer también con cerdo y otras opciones de acompañantes, por ejemplo: plátano maduro, yuca, papas majadas o llapingachos, tostones, tortillas de maíz y/o ensalada. En Ecuador siempre me la sirven con arroz blanco, aguacate y cebolla roja con tomate y cilantro curtido en jugo de limón.

LO QUE NECESITAS:

1   lb de carne de lomo de res en cubos (punta de cadera)
4   oz de cerveza
4   dientes de ajo
2   cucharadas de aceite de oliva extra virgen
1   cucharada de achiote
1   cucharada de cilantro, fresco picadito
½   cucharadita de orégano
½   cucharadita de comino
½   cebolla roja
Sal y pimienta a gusto

LO QUE TIENES QUE HACER:

1. Sazona la carne con sal y pimienta.

2. Agrega todos los ingredientes excepto el aceite en una licuadora y mezcla bien.

3. Cubre la carne con el marinado y lleva a la nevera por 30 a 60 minutos.

4. En una sartén a temperatura alta, agrega el aceite de oliva y sella (dora) la carne por todos lados por 2 a 3 minutos.

5. Agrega el resto del marinado que te sobró, reduce al mínimo la temperatura, tapa y deja cocinar por 20 a 30 minutos, hasta que la carne esté blandita.

6. Sirve con arroz blanco, aguacate y ensalada.

El achiote es el ingrediente que da color a muchos platos latinos. Es como la versión del pimentón en España, pero nos aporta más color que sabor. Es una semilla roja, más grande que un grano de pimienta que se desarrolla en los curiosos frutos del árbol de achiote. Lo encuentras en grano, en polvo, en pasta y dentro de sazones y adobos. Mi abuela me enseñó a preparar aceite de achiote, calentando las semillas por 2 minutos en un colador dentro del aceite hasta que se tornara rojo... ya con eso haces maravillas en la cocina. Se usa como colorante natural para mantequillas, masas de empanadas, quesos, sopas, guisos, carnes, aves, salsas, moles, arroces, en fin... es el que pinta nuestros típicos platillos.

Pasta pomodoro en casa

30 minutos; 4 a 6 personas

Uno de mis mayores deseos es convencerte de que cocines tus propias salsas y nunca más fiarte de las que vienen procesadas en un frasco. A mí me encanta la cocina italiana y "criollizarla" con las costumbres de cada país, pero algo tan sencillo como una salsa roja hay que hacerla fresca. Prepara otras versiones con orégano, cebolla blanca bien tierna, apio, zanahorias, aceitunas negras y hasta con carne molida para una gran boloñesa. Si no encontraras el San Marzano, compra una buena calidad de tomate de lata estilo pera o plum tomato *como se llama en inglés, pero orgánico. Sin hierbas añadidas para asegurar un producto más "virgen". Esta receta también la puedes hacer con tomates frescos y orgánicos, los estilo pera o de variedad* heirloom *y te quedará rica, más rústica y liviana. Cualquier vino tinto italiano le va perfecto, un sangiovese chianti classico o los clasificados como super tuscans le van bien.*

LO QUE NECESITAS:

1   lb de pasta linguine, tallarines o espagueti
28 oz de tomates de lata San Marzano
¼   de taza de aceite de oliva extra virgen
15 dientes de ajos pelados y enteros
10 a 15 hojas de albahaca picaditas
Sal y pimienta negra o roja al gusto
Queso parmesano reggiano al gusto

LO QUE TIENES QUE HACER:

1. Agrega el aceite de oliva y los ajos en una sartén grande a temperatura media-baja y cocina por 10 minutos hasta que los ajos estén ligeramente dorados y tiernos.

2. Agrega los tomates con un poco del líquido que traen y cocina por 20 minutos a fuego lento, removiendo varias veces y sin dejar que hierva.

3. Mientras, agrega agua en una olla grande y cuando esté hirviendo añade suficiente sal, la pasta y cocina por aproximadamente 9 minutos, o hasta que esté *al dente*, removiendo una o dos veces mientras hierve.

4. Cuando esté lista, añade la pasta poco a poco a la sartén de la salsa para que se mezclen bien mientras aún está caliente. Añade un cuarto de taza del agua que usaste para hervir la pasta para que mezcle todo mejor. Este proceso hazlo en un minuto para que no se cocine demasiado la pasta.

5. Retira del calor, agrega la albahaca, sirve y añade el queso y la pimienta.

Entre una salsa pomodoro, marinara o putanesca, varían unos 2 ó 3 ingredientes, pero lo que sí tienen en común en la cocina italiana es un buen tomate pera que garantiza su experiencia. Entre las variedades del tomate, mi favorito es el pera largo, o *plum tomato*, protegido con el nombre San Marzano y siglas D.O.P., como pasa con los vinos de zonas protegidas en ese país. Para llevar las siglas tiene que ser de la región de Campania en donde varias provincias cuidan su "orgánica" producción para asegurar un sabor intenso, baja acidez y toque dulce. En el supermercado lo encuentras en lata; las versiones estadounidenses no tienen el sello D.O.P. La importada, si es de su zona, siempre será tu mejor opción. Si no, compra tomate orgánico en lata sin sabores agregados.

Pavo asado con mofongo de yuca

3 horas aproximadamente; 8 personas aproximadamente

El mofongo original se hace con el plátano macho verde frito y la piel del cerdo crujiente, a la que llamamos chicharrón, aunque en República Dominicana, por ejemplo, le agregan carne de cerdo también. Cuando se hace de yuca, se suele hacer hervida, o hervida primero y frita después si quieres una mejor textura, pues la yuca tarda más en cocinarse. En el caso de la versión de yuca, como es más delicada, la tocineta o bacon sustituye al chicharrón. En realidad con ambos puedes servir el pavo y cualquier otra combinación de marinado como el romero, el tomillo, el coriandro, el comino; un poco de jugo de limón o de naranja le sentará bien al pavo.

LO QUE NECESITAS PARA EL PAVO:

1   pavo entero de 12 lb aproximadamente
¾   de taza aceite de oliva extra virgen
1   sobre de sazón con culantro y achiote o 2 cucharaditas de achiote (*annatto*) en polvo
1   cabeza de ajo limpia y machacada
1   cucharada de orégano seco
1   cucharada de perejil seco
Sal y pimienta al gusto (prefiero la sal *kosher*)

LO QUE NECESITAS PARA EL MOFONGO DE YUCA:

3   lb de yuca pelada, cortada en trozos de 1 o 2 pulgadas
1   barra de mantequilla sin sal, derretida
½   paquete de tocineta picada muy fina y frita
3 o 4 dientes de ajo grandes
Aceite de girasol o canola para freír la yuca
Perejil fresco a gusto
Sal al gusto

LO QUE TIENES QUE HACER PARA EL PAVO:

1. Combina todos los ingredientes del marinado en un tazón profundo y deja a un lado.

2. Limpia el pavo con un poco de agua, retira y descarta la bolsita que tenga en su interior y luego báñalo bien con el marinado, incluso mete la mano debajo de la piel de la pechuga y échale marinado, lo mismo que por dentro. Agrégale un poco más de sal y pimienta, al final.

3. Tápalo y llévalo a la nevera por 24 a 36 horas.

4. Cuando lo vayas a cocinar, retíralo de la nevera, destápalo y precalienta el horno a 350 °F.

5. Cuando el horno esté listo, hornea el pavo por 15 minutos por libra con la pechuga hacia arriba y, de vez en cuando, báñalo por arriba con el mismo jugo que vaya soltando para que agarre más sabor y color.

6. Cuando el termómetro marque 155 °F al insertarlo entre la pechuga y la cadera, estará listo para sacarlo, taparlo y dejarlo descansar por 15 minutos antes de cortarlo.

LO QUE TIENES QUE HACER PARA EL MOFONGO DE YUCA:

1. Mientras el pavo se está cocinando, echa la yuca en agua hirviendo con sal por 5 a 7 minutos para precocinarla. Retírala a un plato con papel toalla para que se seque.

2. Llévala a una sartén con aceite de freír caliente y cocina por 5 minutos, o hasta que esté dorada y cocida. No puedes freírla a temperatura muy alta porque te quedará cruda por dentro, y tampoco a temperatura muy baja porque absorbe mucha grasa.

3. Saca la yuca del aceite y pásala por un plato con papel toalla para eliminar el exceso de grasa.

4. Comienza inmediatamente a majarla en un pilón de madera, agregando poco a poco la mantequilla, el perejil, los ajos, la sal y la tocineta hasta que esté con la consistencia y sazón perfectas.

5. Cuando lo vayas a servir, agrega un poco del jugo que haya soltado el pavo para darle mucho más sabor.

6. Sirve inmediatamente y da gracias a Dios por la cena que vas a disfrutar.

 Mi abuelo Noel preparaba el mejor mofongo, y nosotros hacíamos fiesta cuando lo cocinaba. Es un plato típico de mi isla y también adoptado en la cocina dominicana. Se sirve de acompañante o servido dentro del pilón y relleno de mariscos en salsa de tomate, churrasco o carne frita de cerdo. Lo heredamos de la cocina africana, en donde se hace en un mortero de casi 3 pies de altura. Según la región, se prepara de distinta manera, incluso sumergido en caldo de pollo como lo hacía mi abuela Guelín. Los viajes me han dado a conocer otras versiones, como el bolón de verde ecuatoriano y el tacacho de la selva peruana y algunos pueblos de Colombia. Para hacerlo a lo boricua, necesitas un buen mortero de madera para machacar el plátano verde macho frito, con un poco del aceite caliente en que se fríe chicharrón de cerdo (solo la piel), ajo machacado, sal, perejil y un poco de mantequilla para suavizarlo de ser necesario.

Pollo arvejado

20 minutos; 2 personas

Este pollo se puede disfrutar solo pues la porción de vegetales es sustanciosa y queda bien sabrosita con el vino. Con arroz blanco o puré de malanga (yautía, ocumo chino) es otra opción, y casualmente esta última es mi favorita. La yautía es una raíz similar a la papa y típica de algunos países asiáticos, centroamericanos y caribeños como el mío. Antes de empezar el pollo, pon a hervir una libra de malanga, pelada y cortada en cubitos de una pulgada en agua con suficiente sal para que se cocine rápido. Para cuando pongas a descansar el pollo después de terminarlo, la malanga estará lista para colar y majar con 1 o 2 cucharadas de mantequilla, un diente de ajo bien machacado, sal y pimienta al gusto. Para obtener mejor sabor, sofríe el ajo en aceite hasta que esté dorado y tierno, eso aportará al majado un mayor sabor a ajo rostizado.

LO QUE NECESITAS:

2 **lb de caderas (contramuslo) de pollo (4 caderas)**
2 **tazas de arvejas frescas o congeladas**
1 **cebolla blanca cortada finamente**
2 **zanahorias peladas y cortadas en rodajas**
2 **dientes de ajo picados finos**
½ **taza de vino blanco del que tu bebas**
2 **cucharadas de aceite de oliva extra virgen**
1 **hoja de laurel**
Sal y pimienta al gusto
Perejil para decorar

LO QUE TIENES QUE HACER:

1. En una sartén de hierro, cerámica o teflón grande a temperatura media-alta, agrega el aceite y dora el pollo, por el lado de la piel, por 5 minutos y 2 minutos por el otro lado. Asegúrate de que el aceite esté bien caliente y no intentes mover el pollo hasta que no esté bien dorado por el lado de la piel para que no se te pegue. Retira el pollo, deja a un lado.

2. Sofríe el ajo por un minuto. Añade la cebolla, el laurel y sofríe por 3 minutos más.

3. Echa el vino y deja reducir por un minuto.

4. Regresa el pollo, junto con las zanahorias, las arvejas, cubre y deja cocinar por 7 minutos más a temperatura baja.

5. Deja descansar por unos 5 minutos antes de cortar, sirve y saborea con el majado que describo a continuación.

Las arvejas, guisantes verdes o *petit pois* nos regalan niveles similares de proteína, carbohidratos y grasa que un frijol común. Son una fuente de vitaminas B, C y K, minerales y antioxidantes. Los encuentras enlatados, congelados, secos y frescos; durante la primavera y el verano son una delicia. Búscalos siempre de color verde brillante, firmes y que la vaina luzca crujiente. Para cualquier receta, si no encuentras los frescos, los congelados son tu segunda mejor opción. Los puedes encontrar en bolsas en la sección de vegetales congelados en el mercado.

Cebiche clásico con ají amarillo

20 minutos; 4–6 personas

El cebiche peruano generalmente se escribe con "b" y el pescado apenas se macera, se prepara y se disfruta inmediatamente. El ceviche con "v" es el que preparamos en el Caribe, México, Ecuador, Colombia y otros países. Lo maceramos en la nevera con todos los ingredientes por 30 minutos o hasta 2 a 3 horas, dependiendo del gusto de quien cocine. Pero el secreto de ambos es la calidad del pescado, que sea calidad sushi y se lo pidas así mismo al vendedor. Es ultraimportante que el pescado sea fresco, sin olor a yodo, que se vea muy claro de color y, si es posible, que te lo limpien al momento y puedas revisar que los ojos luzcan brillosos y casi vivos. Los ajíes del Perú se encuentran cada vez en más países, casi siempre en el área de productos congelados. Anímate a hacerlo para que puedas saborear un verdadero cebiche. Solo en casa garantizamos la calidad de los ingredientes que consumimos.

LO QUE NECESITAS:

- 2 lb de corvina o cualquier otro pescado blanco, fresco, calidad sushi
- ½ cebolla roja, cortada en finas plumas o lascas
- 2 tazas de leche de tigre
- 2 ajíes amarillos, blanqueados, como te explico en la página 101, o 2 cucharaditas de pasta de ají en frasco
- 2 limones
- 2 limas
- ¼ de taza de cilantro picado
- Sal al gusto

LO QUE TIENES QUE HACER:

1. Limpia el pescado con un poco de agua, seca con un papel toalla, córtalo en dados de 1 o 2 pulgadas, sazónalo con sal y colócalo en un tazón profundo.

2. Exprime suavemente los limones y limas, pero sin exprimir completamente. Si en tu ciudad o país encuentras limones criollos o persas, de los chicos, úsalos; si no, mezcla lima y limón para que te quede delicado.

3. Mezcla en la licuadora la leche de tigre y el ají amarillo.

4. Agrega esa leche al pescado, añade el cilantro (o culantro como le llaman en el Perú), la cebolla, prueba, rectifica de sal, mezcla bien.

5. Sírvelo frío inmediatamente o le das 5 minutos en la nevera.

6. Decora con más cilantro, cancha o ají limo.

7. Acompaña con choclo (maíz peruano) o papa dulce hervida, como lo sirvo yo siempre.

La leche de tigre es el jugo que surge de la maceración del pescado con todos los ingredientes del cebiche peruano. Lo que se hace hoy día es un batido con un dedo de filete de pescado crudo y fresco, el jugo de un limón, un diente de ajo, ¼ de cebolla blanca, sal y pimienta al gusto, agua, caldo de pescado o leche (regular o evaporada para que quede más cremosa), cilantro fresco al gusto, y hay quienes agregan apio, ajinomoto y jengibre. Se cuela y se enfría antes de mezclar con el pescado. Partiendo de esta base surgen versiones con pisco, conchas negras, erizo, ají amarillo, rocoto o alguna fruta fresca, entre otras. La leche de tigre es espesa, "levanta muertos" y afrodisíaca, según mis amigos peruanos. Yo la hago con 2 tazas de agua o caldo de pescado, 1 o 2 oz de pescado, 1 o 2 limones, 1 diente de ajo, ¼ de cebolla blanca pequeña, sal, pimienta y 4 o 5 hojas de cilantro.

El ceviche que más compartimos

10 minutos, el resto lo hace la nevera; 2 a 4 personas

Ya aquí hablamos de un ceviche más conocido alrededor del mundo. El que se escribe comúnmente con "v" y se come en República Dominicana, Ecuador, Colombia, México y la mayoría de los países de Latinoamérica, el Caribe y Estados Unidos, antes de que el "cebiche" se pusiera de moda. Este tipo de ceviche es curado en limón pues se sirve después de que su textura y color hayan cambiado totalmente, el pescado se torna blanco y muy delicado. Es para comerse en un vaso o copa en la playa, es refrescante, con fuerte sabor a limón y siempre llama a algo crujiente y salado de acompañante, sean unos chips de maíz, unos chifles o tostones. Lo puedes hacer con camarones o con carrucho (concha). Un ají picante al lado o salsa de ají, es lo clásico antes de servirlo en Ecuador, México y en algunas islas caribeñas.

LO QUE NECESITAS:

1   lb de filete de corvina o cualquier otro pescado blanco y firme
1   pimiento *bell*, picado muy fino pero en combinación de colores (rojo, verde, amarillo, naranja)
¼   de cebolla roja picada muy fina
2   tomates pera picados muy finos
3   limas cortadas a la mitad
3   limones cortados a la mitad
3   cucharadas de cilantro picado muy fino
1   aguacate
Sal y pimienta al gusto
1   jalapeño, sin venas ni semillas y picado muy fino (opcional)
1   diente de ajo picado muy fino (opcional)
Chifles, platanutres o mariquitas para acompañar

LO QUE TIENES QUE HACER:

1. Corta el filete en cuadritos pequeños como es típico en este tipo de ceviche.

2. Agrega sal, el jugo de los limones y las limas, los tomates, la cebolla, los pimientos, el cilantro, el ajo y el chile, si gustas. Mezcla todo bien y lleva a la nevera.

3. Déjalo curtir con el limón por al menos 20 a 30 minutos y podrías dejarlo hasta 2 horas, solo recuerda menearlo de vez en cuando para que todos se bañen bien en el jugo del fondo.

4. Antes de servir corta el aguacate en trocitos y mézclalo suavemente con el ceviche.

5. Prueba de sal y limón, recuerda que no todos los limones tienen igual cantidad de jugo.

6. Sirve en vaso o copa, y a disfrutar.

Los chifles, mariquitas o platanutres se hacen de plátano macho muy verde, pelado y cortado en finas rodajas a lo ancho o en finas lascas a lo largo y luego fritas en aceite muy caliente. Mientras mi abuela Guelín cocinaba, para entretenerme en la cocina me los hacía de pequeña. Ella cortaba el plátano en rodajitas muy finas, las ponía en agua con sal y polvo de ajo o adobo en polvo, las escurría y luego las freía. Nada como disfrutarlas acabaditas de hacer, son muy sencillas, pero también las consigues en bolsas en el mercado ya listas para comer en platos como este. Es para comer con equilibrio pues si te dejas llevar por el gustito, el ceviche deja de ser una receta saludable.

Lomo al jugo

20 minutos; 2 o 3 personas

Con la "fiebre" que tenemos todos por la cocina peruana seguro que has escuchado o probado el lomo saltado, la versión peruana del pepper steak, pero mucho más rico. Y el Lomo al jugo es muy parecido, pero se come más de brunch, se sirve con papas fritas sumergidas en la carne, con mucho más caldo, pero se acompaña con pan, se come con cuchara y algunos valientes le agregan un huevo frito. Para que quede más espeso, pasa la carne ligeramente por un poco de harina antes de cocinar. Si no te gusta el cilantro, agrega cebolla china (cebollín), yo incluso le pongo los dos. Y si no tienes ají amarillo o panca, usa un pimiento naranja que le quedará bien también. Recuerda, lo puedes hacer con pollo o cerdo. ¡Buen provecho!

LO QUE NECESITAS:

1½ lb de lomo de res cortado en tiras (como si fuera para *pepper steak*)

1½ cebolla roja picada en juliana (cortada a lo largo)

¼ de taza de vinagre de vino tinto (o vinagre balsámico)

3 cucharadas de salsa de soya

1 taza de caldo de carne

2 cucharadas de aceite de girasol, canola o de sésamo tostado

3 tomates maduros picados en juliana (cortado a lo largo)

5 dientes de ajo picaditos

¼ de taza de cilantro picadito (o cebollino)

1 ají amarillo, desvenado, sin semillas, blanqueado y cortado en tiras o 1 cucharadita de pasta de ají amarillo o panca

½ taza de harina multiusos (opcional para que te quede más espesa)

Sal y pimienta al gusto

LO QUE TIENES QUE HACER:

1. Sazona la carne con sal, pimienta y luego pásala bien ligeramente por un poco de harina multiusos y deja a un lado.

2. Agrega 2 cucharadas de aceite en una sartén o wok a temperatura muy alta. Añade la carne, dórala por 2 minutos, retírala y deja a un lado.

3. Agrega la cebolla y saltea por un minuto. Después añade el tomate y ají amarillo o panca y el ajo.

4. Manteniendo la temperatura bien alta, agrega el vinagre o vino, el caldo y la soya y remueve por un minuto más.

5. Regresa la carne, mezcla y cocina de 1 a 2 minutos más, prueba, retira del calor y agrega el cilantro y/o el cebollino.

6. Sirve en un tazón profundo con pan francés y luego prepárate a mojar el pan en la salsa y chuparte los dedos. Tendrás un almuerzo o cena memorable. Un vinito blanco, tinto, cerveza o pisco es tremendo acompañante. Y claro, un arroz blanco o yuca o papa frita al lado le van como anillo al dedo.

Este plato se hace tradicionalmente con ají amarillo o panca. Hoy día ambos los encuentras en muchos mercados o por Internet y te lo digo yo que los he comprado en algunas ciudades de California, así como en Miami, Madrid y Buenos Aires. Puedes controlar el grado de picante del ají amarillo fresco o congelado, aunque también viene en pasta. El panca pica menos y en pasta es la forma más común de encontrarlo. Si usas el amarillo fresco o congelado, corta su tallo y con una cuchara le quitas las semillas y venas, y lo echas en una olla con agua hirviendo por 1 minuto. Retira el agua y el chile, pon agua nueva a hervir y cuando burbujee agregas otra vez el ají por 1 minuto más. Una tercera vez ya quita todo el picante pero mantiene el sabor. Retira la piel y lo picas o lo haces puré para cualquier receta. ¡Saboréalo!

Tacos de carne adobada

30 minutos; 4 personas

Esta receta no es picante y sí es muy sabrosa. El término "adobo" siempre implica que algo está bien sazonado y que, por ende, estará sabroso ya sea líquido, en polvo, con color, sin color, cubano, boricua, español o de las Bahamas, y hasta los que he probado en ciudades mexicanas como Oaxaca, Guanajuato o San Miguel de Allende. Sea cual sea la versión, el adobo es muy fácil de hacer. Aprendí esta receta de Rafael Peña Olvera, un carnicero muy querido en el Mercado de la Cruz, en Querétaro. El color rojo se lo dan tanto los chiles como el achiote, pero si no quieres usar chiles, sustitúyelos por 3 tomates pera y duplica el achiote. Si te sobra algo de adobo, resérvalo en la nevera por unos días o aprovéchalo inmediatamente para marinar res, pollo o cerdo antes de que vayan a parar al horno o a la sartén.

LO QUE NECESITAS:

- 2 lb de solomillo, lomo de cerdo o entraña cortado en tiras pequeñas
- 2 chiles anchos, sin tallo, venas, ni semillas
- 4 chiles guajillos, sin tallo, venas, ni semillas
- 4 tazas de agua
- 4 dientes de ajo, pelados

- 1 cucharadita de achiote
- 2 cucharadas de vinagre blanco
- 1 cucharada de orégano (mediterráneo o mexicano) o de mejorana
- 2 cucharadas de aceite de oliva extra virgen

Sal y pimienta al gusto

LO QUE TIENES QUE HACER:

1. Limpia el cerdo o la carne con agua, seca bien con papel toalla, córtalo en tiras pequeñas y deja a un lado.

2. Pon 4 tazas de agua en un tazón profundo y luego agrega todos los chiles y déjalos hidratándose por 15 minutos.

3. Llévalos a la licuadora o batidora de mano con 1 taza del agua, de la que usaste para hidratarlos, y agrega el ajo, el vinagre, el orégano, el achiote y mezcla bien.

4. Coloca el cerdo en un plato profundo, agrégale una pizca más de sal y pimienta, báñalo con el adobo y mételo a la nevera por, al menos, 15 minutos.

5. Retira la carne de la nevera y, en una sartén a temperatura media-alta con un poco de aceite de oliva, sofríe por unos 3 a 4 minutos revolviendo constantemente.

6. Sirve con tortillas de maíz, arroz con cilantro o arroz amarillo con vegetales y plátano maduro, como se serviría en Yucatán, y ensalada de aguacate, pico de gallo, guacamole, cebolla blanca y cilantro y/o frijoles machacados.

El ajo es uno de esos ingredientes que no puede faltar en casi ninguna receta. Es el ingrediente favorito de mi padre, así que nunca falta en mi casa. Con dorar uno o dos dientes en aceite de oliva, ya tenemos suficiente para cocinar cualquier ave, carne, marisco o vegetal. Pero úsalo siempre fresco, que se vea saludable y brilloso, nunca uses de pote o procesado para que su sabor sea real y conserve sus vitaminas y minerales. Mucho se dice de sus propiedades benéficas para los sistemas digestivo, respiratorio y circulatorio, y hasta funciona como diurético y antibiótico natural.

Churrasco borracho con champiñones

20 minutos; 2 o 3 personas

Esta es una de las recetas que más disfrutan mis amigos y yo también, que llevo más de 15 años haciéndola. Además es la favorita de mi amigo el fotógrafo Omar Cruz que, como le gusta tanto, me sacó la foto de portada para el libro. El churrasco va de maravilla con mi arroz verde, unos espárragos y zanahorias asadas, una ensalada, un puré de malanga (yautía) y hasta con tostones o mofongo. Queda bien hecho a la sartén o a la parrilla y siempre con salsa de cilantro o perejil por arriba. Y está más sabroso cocinado a término medio. Lo mismo pasa con los champiñones: poco tiempo al calor para disfrutar más de su sabor, aroma y textura. Disfrútalo con un malbec, cabernet, tempranillo o cerveza y a brindar. Para la receta del arroz verde, ve a la página 106.

LO QUE NECESITA:

- 2 lb de churrasco (compro que tenga el sello *Certified Angus Beef*)
- ¼ de taza de aceite de oliva extra virgen
- 8 dientes de ajo frescos, 4 enteros y 4 picaditos muy finos
- ½ taza de cerveza rubia a temperatura ambiente
- 8 oz de champiñones, de tu preferencia
- ¼ de taza del vino blanco que te guste beber
- Sal *kosher* o sal gruesa y pimienta fresca al gusto
- Perejil o cilantro para decorar

LO QUE TIENES QUE HACER:

1. Limpia la carne con agua fría, sécala muy bien con papel toalla, salpimenta y deja a un lado.

2. En una sartén a temperatura media, echa 1-2 cucharadas de aceite y los 4 ajos enteros. Cuando estén dorados y tiernos los retiras.

3. Sube la temperatura al máximo y añade la carne. Cocina por 2–3 minutos por cada lado para sellar bien.

4. Echa la cerveza y espera a que se reduzca (se evapore) y la carne se cocine según el punto de cocción que prefieras.

5. Retírala a un plato, cúbrela y déjala descansar mientras preparas los champiñones.

6. En la misma sartén pero a temperatura media-alta, añade 1-2 cucharadas de aceite de oliva, los 4 dientes de ajo picaditos y sofríe por 1 minuto.

7. Añade los champiñones y dóralos por 1–2 minutos más.

8. Añade sal y pimienta y sin bajar la temperatura, añade el vino blanco. Reduce por 1–2 minutos y listo para servir encima del churrasco.

9. Termina tu obra maestra con un poco de cilantro o perejil italiano.

El churrasco, *skirt steak* o entraña, como se le conoce en la Argentina, es uno de mis cortes de carne favoritos, y entre los mejores es de los más económicos. Siempre lo compro *Certified Angus Beef* para asegurar que sea tierno, aunque no entra muy a menudo a mi cocina porque está cargado de grasa, justo lo que le da su adictivo sabor. Cuanto más grueso sea el corte, mejor: debe tener la grasa bien infiltrada o pareja y con buen color. Calcula casi 1 libra por persona pues al cocinarse reduce su tamaño. Cocínala siempre a temperatura alta, pero no la cocines demasiado para que quede tierna y jugosa. Como costumbre, déjala descansar 5 minutos antes de cortarla.

Camarones al ajillo con tostones

20 minutos; 2 personas

Por si quieres hacer otra versión, a esta receta en mi país le añadimos cebolla blanca y pimiento verde cubanelle sofrita con el ajo y queda riquísimo. Para hacer unos buenos tostones necesitas una tostonera o, como hacía mi abuela, usa papel de aluminio o bolsa de papel y aplasta con una lata. Lo suyo es que queden aplastados, así que hasta con una tortillera quedarán bien. Para otra receta, si gustas, puedes cortar el plátano como hacen en Colombia sus patacones. Para conocer más de la guindilla, ve a la página 170, pero si no eres de acentos picantes, como mis padres, no agregues ningún chile; basta una pizca de pimienta.

LO QUE NECESITAS PARA LOS CAMARONES:

½ taza de aceite de oliva extra virgen

16 camarones medianos limpios, desvenados y sin cola

10 dientes de ajo, cortados en finas láminas

1 guindilla seca, peperoncino, chile piquín o 1 chile de árbol entero

1 cucharada de perejil fresco

Sal y pimienta al gusto

1 cucharadita de *brandy* (opcional)

LO QUE NECESITAS PARA LOS TOSTONES:

1 plátano macho verde, bien verde, pelado debajo del grifo para que no te manche

Aceite de canola o girasol para freír

Sal de ajo o adobo

Sal al gusto

LO QUE TIENES QUE HACER PARA LOS CAMARONES:

1. Añade el aceite de oliva, los ajos, el chile entero en una sartén o cazuela de barro a temperatura media-alta y cocina por 3 minutos hasta que los ajos se doren, moviéndolos continuamente para que no se quemen.

2. Agrega los camarones, la sal y la pimienta y cocina por 2 a 3 minutos, volteándolos una vez, hasta que se pongan rosados. Si se calienta mucho, baja la intensidad del calor para que los ajos no se quemen.

3. Después de 3 minutos, retira del calor, agrega el perejil y sirve. Si fueras a añadir el toque de brandy, agrégalo junto con los camarones para que se evapore y quede solo la sombra de un toque sutil de *brandy*.

4. Sirve sobre los tostones o sobre el pan, como se come en España.

LO QUE TIENES QUE HACER PARA LOS TOSTONES:

1. Corta el plátano en rodajas de una pulgada y agrégalos a un recipiente con agua, bastante sal y ajo en polvo o adobo para que agarren sabor.

2. Agrega las rodajas, escurridas para que el aceite no salte, en una olla con aceite bien caliente y cocina hasta que estén ligeramente dorados (5 minutos).

3. Retíralos a un plato con papel toalla y comienza a aplastarlos uno por uno y deja a un lado.

4. Mójalos en el agua del ajo, seca el exceso de agua y vuelve a freírlos por 3 minutos, o hasta que estén dorados y crujientes.

5. Retíralos, deja escurrir y sirve calientes con los camarones encima.

 Los camarones frescos siempre son la opción perfecta, pero lamentablemente la mayoría del camarón que llega a nuestras cocinas ha sido congelado, así que compra en un lugar en que confíes para al menos garantizar calidad. En Estados Unidos y la mayoría de Latinoamérica el camarón se conoce por pequeños, medianos, grandes, extragrandes, colosales y langostinos. Y esos confusos números que lo acompañan, como cuando indican: 36/40, significa que hay entre 36 y 40 camarones por libra; a medida que el número disminuye, significa que el tamaño del camarón es más grande. En España es más fácil pues los "camarones" tienen nombres según su zona y tipo. Por ejemplo, el típico en esta receta sería una gamba, que vendría a ser uno pequeño y dulce que sabe a gloria. Límpialos y, si quieres, desvénalos —en España no lo hacen—; es cuestión de retirar la venita negra o amarilla de ambos lados con la punta del cuchillo y agua.

Discada de carne y pollo

30 minutos; 4 a 6 personas

Esta receta es similar a lo que comúnmente llamamos fajitas, que tiene origen en la cocina tex-mex y no mexicana. Típicamente la discada se prepara con diferentes tipos de carne, incluso cerdo, salchicha, jamón, chorizo y hay quienes le añaden manteca de cerdo, champiñones, orégano o comino. Cada cual tiene su preferencia así que en casa hasta los camarones y el tequila, en vez de la cerveza, tienen cabida en esta receta que rinde mucho y es rápida de preparar. Puedes usar una sartén de hierro, un wok, una paellera o una sartén de teflón que transfiera bien el calor. Lo importante es que siempre agregues los ingredientes según el tiempo que tarda cada uno en cocinarse para que todos queden en su punto.

LO QUE NECESITAS:

- 1 lb de filete de *sirloin* o churrasco, en pedazos finos y pequeños
- 1 lb de pechuga de pollo cortada igual que la carne
- 8 oz de tocineta ahumada, regular y cortada pequeña
- 4 dientes de ajo picados muy finos
- 1 cebolla morada picada muy fina
- 3 pimientos *bell* de diferentes colores, picados en finas tiras
- 2 tomates pera, picados en finas tiras
- ½ taza de cerveza negra o ¼ de taza de tequila *Gold*
- 20 tortillas de harina pequeñas
- 2 cucharadas de cilantro fresco
- Sal y pimienta al gusto

LO QUE TIENES QUE HACER:

1. Sazona ligeramente la carne y el pollo con sal y pimienta, tomando en cuenta que la tocineta soltará sal.

2. Agrega la tocineta en una sartén grande a fuego medio alto y cocina por 5 minutos. Retíralo y deja a un lado sobre papel toalla.

3. En la grasa que quedó en la sartén, saltea los ajos por 1 minuto, agrega el pollo, mezcla bien y cocina por 2 minutos para que se dore.

4. Agrega la carne, mezcla constantemente y dora por 2 minutos más.

5. Añade la cerveza, la cebolla, el tomate, los pimientos y deja cocinar durante 5 minutos más mientras sigues revolviendo.

6. Sirve en un plato tamaño grande, agrega cilantro por arriba y disfrútalo con tortillas de harina calientes.

7. Si gustas, acompaña con frijoles, queso fresco, chile y/o ensalada.

Esta parrillada tradicional, nacida en Tamaulipas, al norte de México, lleva su nombre por el disco de arado en el que se cocina la receta; una vieja costumbre de los agricultores. Es un caso como la paella y la paellera. Típicamente se prepara al aire libre con amigos y familiares y se sirve con tortillas de harina blanca, como las que se usan en la cocina tex-mex. Estas tortillas son solo típicas del norte de México; en el resto del país lo que se usa es la tortilla de maíz. Con las de harina puedes hacer quesadillas, tacos, *wraps* y burritos; al igual que las tortillas de maíz, vienen en bolsas listas para calentar. Incluso las puedes cortar y freír para servirlas como tostadas, de aperitivo, en una fiesta.

Penne borracho en pisco con vieiras

25 minutos, 4 a 6 personas

Si no te venden las vieiras limpias, retira con un cuchillo un músculo pequeño que les sale por el lado, las lavas con agua y las secas con un papel toalla. Esta receta también la puedes comer sola, con alguna buena conserva de atún o salmón, con un filete de pescado o atún fresco, camarones, pollo y hasta con champiñones o setas, como sustituto de la proteína. Si no encuentras el ají amarillo, siempre puedes remplazar por un serrano o hasta por un pimiento morrón anaranjado. A falta de un ingrediente, solo hay que ponerse creativo.

LO QUE NECESITAS:

1   lb de pasta
3   tazas de leche entera
1½ lb de vieiras limpias
¼   de taza de pisco (si no tienes usa tequila o media taza de vino blanco)
1   cebolla blanca picada muy fina
6   dientes de ajo frescos picaditos muy finos
1   ají amarillo blanqueado, desvenado y sin semillas, picadito muy fino o 1 cucharadita de puré de ají amarillo
4   cucharadas de mantequilla de barra
2   cucharadas de harina multiusos
2   cucharadas de aceite de oliva extra virgen
2   cucharadas de hojas de tomillo fresco (15 ramitas aproximadamente)
Sal y pimienta al gusto

LO QUE TIENES QUE HACER:

1. Hierve la pasta en suficiente agua con sal hasta que esté *al dente*.

2. Agrega las vieiras en una sartén con aceite a temperatura alta y cocina por 1 a 2 minutos por cada lado dependiendo del grosor. No las muevas antes de que estén bien doradas. Asegúrate de que no se toquen entre ellas y no las cocines de más para que no queden duras. Su misma caramelización va a crear una capa crujiente mientras que se van como cuarteando a medida que se cocinan. Una vez listas las retiras y dejas a un lado en lo que haces la salsa.

3. Agrega 2 cucharadas de mantequilla, el ajo, la cebolla y el ají amarillo en una olla mediana a temperatura media-alta y sofríe hasta que la cebolla esté translúcida.

4. Agrega el resto de la mantequilla, la harina y remueve por 1 minuto, hasta que se forme una pasta.

5. Agrega el pisco y deja reducir (hervir) por 1 minuto.

6. Añade la leche, mezcla y espera a que hierva la salsa. Cuando empiece a espesar, agrega sal y pimienta.

7. Combina con la pasta ya cocida y agrega el tomillo fresco.

8. Sirve las vieiras encima y decora con una ramita de tomillo o queso parmesano.

 Las vieiras, *scallops*, escalopes o callos como le dicen en México son para mí una de las piezas más lindas del mar. Viven dentro de una concha donde parecen toda una perla. Son bajas en calorías y están repletas de yodo y vitaminas, sobre todo B12. Al comprarlas asegúrate de que estén lo más frescas posibles y no te confundas con nombres que solo identifican su tamaño o método de recolección. Fíjate más en que sean de color blanco uniforme, de piel firme y algo húmeda. No deben estar secas, ni con mucha agua, ni con imperfecciones. Pueden llegar a ser sublimes, dulces y hechiceras si son frescas y de buena calidad. Si no las puedes comprar frescas, mejor compra camarones o pescado para esta receta.

Arroz verde con pollo

30 minutos; 4 personas

Esta misma técnica de "pintar" el arroz de verde la puedes hacer con perejil italiano o con espinaca, como en la página 106. Todas las versiones son una experiencia diferente, así que arriesga un poco probándolas todas. ¿Otro giro a la receta? La combinación de arroz con chuletas de cerdo que de pequeña me preparaba mi madre. Si lo haces con chuletas o costillas pequeñas, cocínalas por 15 a 20 minutos antes, dependiendo del grosor que tengan, y luego haces el arroz. Mi recomendación es que siempre incluyas una ensalada al lado y así no te llenas de tanto arroz en una sentada. Una ensaladita de tomate, cebolla roja, jugo de limón, aceite de oliva, cilantro y listo. O si vas a hacer ejercicio al día siguiente, haz como mi familia y sirve el plato con tostones o maduros.

LO QUE NECESITAS:

- 3 tazas de arroz, grano largo
- 4 tazas de caldo de pollo (orgánico o fresco)
- 1 ramillete de cilantro
- 2 lb de pechuga de pollo, cortada en cubos, sin hueso ni piel
- 1 cebolla blanca picada muy fina
- 4 dientes de ajo picados muy finos
- ½ pimiento naranja, picado en tiras
- ½ cucharadita de comino
- ½ taza de zanahorias frescas, cortadas en cubitos
- 3 cucharadas de aceite de oliva extra virgen
- Sal y pimienta al gusto

LO QUE TIENES QUE HACER:

1. Salpimienta el pollo.

2. En la licuadora mezcla el caldo de pollo con el ramillete de cilantro, cuela y deja a un lado.

3. En una olla a temperatura media-alta, agrega el aceite y sofríe el pollo por 3 minutos, hasta que se dore por todos lados.

4. Retira el pollo y en la misma olla sofríe el ajo y la cebolla hasta que la cebolla este translúcida.

5. Agrega el arroz y sofríe por 1 minuto.

6. Añade el caldo verde, el pollo, la zanahoria, el pimiento, el comino, la sal, remueve y deja que hierva hasta que el líquido se evapore. Tápalo y deja cocinar a temperatura baja por 20 minutos.

7. Al servirlo puedes decorarlo con unas arvejas frescas o congeladas.

Me enamoré del comino en un viaje a Marruecos. El comino es una semilla muy aromática usada con delicadeza en unos pocos países latinos, entre ellos México, el Perú y la Argentina. Es más común en el mediterráneo, en España, la India, Egipto y en el Medio Oriente. Su sabor es intenso, entre "pimentoso" y cítrico, y una pizca es suficiente para dejarse sentir en cualquier platillo. Con él puedes darle un toque diferente a cualquier carne, pollo, guiso, sopa o arroz. Se dice que ayuda al sistema digestivo y es anticancerígeno. En el mercado lo encuentras en semillas y en polvo. Las semillas mantienen su aroma por un año, solo tienes que tostarlas 1 a 2 minutos en una sartén y luego machacarlas en el mortero antes de usarlas. Si te parece mucho, cómpralas en polvo, pero recuerda que solo te durarán unos seis meses con buen aroma. No dejes que echen raíces en tu cocina.

Budín de banana y *brandy*

35 minutos; 6 a 8 personas

Si quieres intensificar el sabor de la banana, lleva los líquidos a la licuadora y bátelos con una banana adicional. Si lo que te apetece es un sabor más exótico, puedes usar ron de coco en vez de brandy y añadirle pasas, ralladura de naranjas o manzana. El budín como mejor se disfruta es caliente, acabadito de salir del horno, pero frío también está de chuparse los dedos. Una opción para los más dulceros es decorar el budín con un poco, pero solo un poco, de leche condensada. La verdad es que este budín es un clásico en casa. Por mi parte, que prefiero los dulces delicados, no sobra ni un pedazo cuando lo hago.

LO QUE NECESITAS:

4   tazas de pan de *croissant*, picado en trozos de
    1 pulgada
2   bananas
1 ½ tazas de leche regular, entera
2   huevos enteros
⅓   de taza de azúcar
3   cucharadas de brandy
1   cucharada de canela en polvo
1   cucharadita de vainilla
Pizca de nuez moscada

LO QUE TIENES QUE HACER:

1. Precalienta el horno a 375 °F.

2. Bate los huevos en un tazón profundo y agrega la leche, el azúcar, el *brandy*, la canela, la vainilla y la nuez moscada.

3. Añade el pan picado, la banana en rodajas y deja reposar 5 a 10 minutos.

4. Rocía el molde de hornear, ya sea de cerámica o de metal, con *spray* antiadherente, agrega la mezcla y lleva al horno por 25 minutos.

5. Si quieres, justo cuando la pongas en el horno, agrégale una pizca más de azúcar para que al dorarse quede más lindo todavía.

 Casi todos los budines llevan crema y mantequilla, y es que muchos piensan que cuanta más grasa lleva, más rico quedará el postre. Lo cierto es que si usas un pan alto en grasa como el *croissant*, no hay que volverse loco con grasa adicional para tener una dulce y sabrosa experiencia a la hora de disfrutar del postre. El *croissant* o media luna es un pan universal, de origen austriaco y servido mucho en Francia, la Argentina, Italia y España. Recuerda que también este bollo es muy alto en grasa, así que hay que mantenerlo alejado de la cocina y comerlo solo de vez en cuando, en recetas como estas.

Tarta de lima y limón

15 minutos, el resto lo hace la nevera; 8 personas

Ya sabes que me gusta darle la vuelta a las recetas que me inspiran. Quise hacer una tarta sin huevo, sin leche condensada y sin necesidad de hornear. Y así nació este postre, inspirado en uno que probé en la lechonera —riquísima— de la familia Marrero en las montañas de Orocovis, en Puerto Rico. Una hora antes de hacer el postre debes sacar el queso de la nevera para que esté manejable. Si al mezclarlo aún quedan grumos, usa una batidora de mano. Si quieres que la tarta sepa más a queso, usa las 8 onzas completas. Ah, y comparte las calorías, no te lo comas todo solo.

LO QUE NECESITAS:

10 oz de leche entera

10 oz de crema espesa

1 sobre de gelatina

½ taza de azúcar (yo uso azúcar de caña orgánica)

⅓ de taza de jugo de limón y lima mezcladas

2 cucharadas de ralladura de limón y lima mezcladas

4 oz de queso crema

1 molde con galleta listo para hornear

2 gotitas de vainilla (opcional)

Azúcar en polvo (opcional)

Ralladura adicional de lima y limón para decorar (opcional)

LO QUE TIENES QUE HACER:

1. Mezcla en una taza la gelatina con unas gotitas de agua para que se torne "gelatinosa" y deja a un lado.

2. Agrega la leche, la crema, el azúcar en una olla a temperatura media y deja calentar por 5 minutos, sin que hierva o hasta que se disuelva bien el azúcar.

3. Retira del calor, añade la gelatina y mezcla hasta que se disuelva.

4. Agrega el queso y, cuando esté todo bien mezclado, agrega el jugo, las ralladuras y la vainilla.

5. Transfiere al molde de galletas y lleva a la nevera por 4 horas para que agarre consistencia.

6. Decora con azúcar en polvo y más ralladura para que se vea colorido. También puedes usar finas lascas de limón y lima.

 Quizás te sorprenda saber que cada estado de Estados Unidos tiene varios platillos que lo definen. Uno de los que distingue a la Florida es el *key lime pie*, que se hace con un limón chico también conocido como limón criollo. Esta lima es originaria de los Cayos de la Florida, pero también se cultiva en otros países. Este limón criollo es muy aromático, de mucha acidez, mucho jugo y del tamaño de una pelota de golf o más chico. Su jugo sirve para distintas recetas, pero si no lo consigues mezcla el limón amarillo con el verde para que cada uno aporte sus distintivas características.

Panna cotta de fresas con crema de queso

10 minutos, el resto lo hace la nevera; 6 a 8 porciones

Esta receta es perfecta para una cena romántica. Es afrodisíaca, rica, sexy y no pasas trabajo, te espera en la nevera para cuando llegue el placer del postre. Si quieres hacer una crema batida de queso: agrega crema espesa en la batidora y bate bien; cuando esté casi tomando la consistencia que buscamos, agrega poco a poco una pizca de azúcar en polvo y un poco de queso de cabra a temperatura ambiente para que este suave. Sigue mezclando y en unos segundos estará lista para servir. Así mismo podrás hacer tus propias versiones de crema batida, incluso con licor o vainilla. Una porción exacta sería: 1 taza de crema, 1 a 2 oz de queso de cabra o queso crema y 2 cucharadas de azúcar en polvo.

LO QUE NECESITAS:

10 oz de leche entera

10 oz de crema espesa

2   tazas de fresas limpias y saludables (de 12 a 15, aproximadamente)

Un poco menos de ½ taza de azúcar

1   sobre de gelatina sin sabor

½   cucharadita de vainilla blanca (o negra si no la encuentras)

LO QUE TIENES QUE HACER:

1. Echa la gelatina en una taza con unas gotitas de agua para que tome consistencia y deja a un lado.

2. Licúa la leche entera y las fresas hasta que estas se trituren. Pasa la mezcla por un colador.

3. Calienta con el azúcar y la crema en una olla a temperatura media-alta, hasta que el azúcar se haya disuelto.

4. Retira la olla de la estufa, añade la vainilla y la gelatina y bate suavemente hasta que se disuelva la gelatina.

5. Vierte la mezcla en vasitos o copas y llévalo a la nevera por 4 a 5 horas, o hasta que tenga textura firme.

6. Decora con la crema batida y/o fresas y menta.

He aquí otra versión hechicera de esta receta del Piamonte. Esta versión de fresas o frutillas, como le dicen en la Argentina, la suelo hacer antes y durante la primavera, que es cuando más sabrosas están. Están repletas de vitamina C, antioxidantes y además son bajas en calorías. Como son fruta de piel fina, absorben más todo lo que fumigan sobre ellas, así que consúmelas en temporada, y si son orgánicas, mejor todavía. Al escogerlas fíjate que estén firmes y cuanto más rojas, mejor. Retira las que no se vean saludables para que no dañen las demás. Guárdalas en la nevera bien cubiertas y lávalas cuando las vayas a consumir.

Mousse de *abacate*

10 minutos; 4 a 6 porciones

Esta cremosa fruta color esperanza estuvo en mi vida desde muy niña. Crecí con un árbol en la casa de mis dos abuelos y nunca faltaron en la mesa. Te aseguro que esta tradicional crema de abacate sorprenderá a todos. Mi sobrino la ama y seguro tu también. Atrévete a darle otra vida al aguacate y cómelo en un sándwich, wrap, hamburguesa, sopas como la de las páginas 42 y 44, salsas, ensaladas y postres. Y si tienes un árbol en casa, comparte sus frutos con los vecinos, familia y amigos cuando sea la temporada. Para conservar uno abierto a medio camino, abrígalo bien en papel toalla y luego guárdalo en una bolsa resellable en la nevera.

LO QUE NECESITAS:

3 aguacates *hass*
Un poco menos del jugo de 1 limón amarillo
2 oz de crema espesa
2 oz de leche condensada
¼ de taza de azúcar en polvo (azúcar glas)

LO QUE TIENES QUE HACER:

1. Mezcla el aguacate, el jugo de limón, la leche condensada y el azúcar en una licuadora o procesador.

2. Cuando la mezcla esté cremosa y todos los ingredientes se hayan combinado bien, añade lentamente la crema hasta que adquiera la textura de un *mousse*.

3. Sirve en platitos individuales y refrigera por 30 minutos antes de servir. No lo dejes más tiempo para que no se oxide el aguacate y cambie de sabor y color.

4. Adorna con crema batida de la receta de la página 203, crema batida de queso de cabra, limón en lascas o menta fresca.

Mis amigos brasileños le llaman *abacate* y otros pagua o palta. En Brasil lo comen como fruto dulce en postres, batidos y helados mientras que otros lo vemos más como un vegetal y lo comemos con sal, aceite y limón en ensaladas y sopas. Se dice que la grasa del aguacate reduce el nivel de colesterol "malo" y el riesgo de padecer cáncer, refuerza el sistema inmunológico, mantiene la piel sana, previene cataratas y es bueno para el corazón. Hay muchos tipos de aguacate pero el más común es el *hass*, de tipo pequeño y oscuro que crece en México y California. Los del Caribe, Guatemala, Colombia y otros países son más de la variedad *hall* o *choquette*, que son más grandes, carnosos y en algunas ocasiones bien "mantequillosos".

Salsa de chocolate, chile y café

15 minutos; para compartir

Esta receta fue una de las primeras que trabajé en clase con la chef Unmi Abkin, que tanto me inspiró en mis comienzos. Los ingredientes de esta salsa —chocolate, chile y café— la hacen altamente afrodisíaca. Y si la sirves con banana o fresas, más todavía, así que ponte ya a preparar la cena romántica. Es inmensamente fácil de preparar y la puedes servir con pedazos de torta o bizcocho, otras frutas frescas como el melón, la naranja, la piña, el melocotón o los higos. Con unas galletas o sobre algún postre tampoco fallarás. La puedes servir a temperatura ambiente o la puedes echar en un cuenco de fondue para mantener caliente en la mesa.

LO QUE TIENES QUE TENER:

8 oz de chocolate semidulce

1 taza de café, ya colado

¾ de cucharadita de chile en polvo

2 cucharadas de mantequilla de barra,
   sin sal

LO QUE TIENES QUE HACER:

1. Calienta el café negro hasta que comience a hervir en una olla mediana a temperatura media-alta.

2. Retira la olla del fuego, añade el chocolate y mueve con una cuchara de madera hasta que esté todo el chocolate derretido.

3. Regresa la olla al calor hasta que hierva nuevamente, pero nunca dejes de remover.

4. Aparta nuevamente la olla del calor y añade la mantequilla y el polvo de chile hasta que la mantequilla esté completamente derretida.

5. Sirve la salsa con los acompañantes que gustes. Decora con menta fresca.

Los hispanos, ante el mundo, podemos presumir del chocolate que se produce en Venezuela y México, y que nunca falta en mi cocina. Además del chocolate que venden en el mercado para tomar caliente, con agua o leche, siempre encuentras el de barra y las pepitas semidulces. Pueden ser desde un 100% cacao hasta un 50%, siendo la otra mitad de azúcar y otros ingredientes. Para una receta en la que quieres sabor a chocolate intenso es mejor usar uno de buena calidad, de entre 80% y 70% cacao. Cuando te haga falta más dulce, entonces puedes optar por las pepitas de chocolate, que son generalmente 50% aproximadamente.

Pan de maíz, poblano y cilantro

50 minutos; 8 a 10 porciones

En esta receta es importante asar el chile en el horno y no en la sartén o comal, como podemos hacerlo en otras ocasiones para economizar tiempo. Al comprar el chile asegúrate de que la piel brille, su textura sea firme y sin abolladuras. Guárdalo en la nevera en una bolsa de cierre fácil y te durará 5 o 6 días. Esta receta la puedes hacer en moldes de hornear cupcakes o molde de pan grande. Si quieres sorprender con un pan fuera de lo común, entre lo dulce y lo salado, esta es tu receta. Con este pan no fallarás, y lo mismo lo comes solo que lo acompañas con un cafecito o té, lo sirves durante la cena como entremés con yogur griego, con el plato principal o junto al postre. Si lo que quieres es empezar bien la mañana, este pan con huevos Benedict, como los prefiere mi amiga Mandy, es un desayuno de campeones.

LO QUE NECESITAS:

1   taza de harina multiusos
1   taza de harina de maíz
⅓   de taza de azúcar
2   cucharaditas de polvo de hornear
¾   de cucharadita de sal
1   taza de leche entera
1   barra de mantequilla sin sal
2   huevos enteros
2   chiles poblanos, rostizados
1   taza de cilantro

LO QUE TIENES QUE HACER:

1. Precalienta el horno a 400 °F.

2. Agrega en la licuadora la leche, el cilantro y el chile poblano asado, sin semillas, venas, ni piel.

3. Mezcla bien en un tazón profundo las harinas, el azúcar, la sal y el polvo de hornear. Puedes hacerlo manualmente o con una batidora eléctrica. Añade poco a poco la mantequilla, los huevos y, por último, la leche.

4. Cuando todos los ingredientes estén bien mezclados, comienza a llenar los moldes de hornear. Recomiendo que le eches un poco de *spray* antiadherente al molde, aunque este también sea antiadherente.

5. Mete al horno por unos 30 a 35 minutos. No todos los hornos calientan igual; revisa insertando un cuchillo o pinza fina y si sale limpio, ¡ya está listo! Una vez fríos los puedes guardar en bolsas resellables para que se mantengan frescos por varios días fuera de la nevera.

El chile poblano es una de las variedades más comunes de chile mexicano y más fáciles de conseguir, junto al serrano y al jalapeño. Es verde oscuro, grande y alargado. El nombre se lo da la región de Puebla y se come fresco, asado, relleno y majado para usar en sopas y salsas. En su estado seco se llama chile ancho y pinta de rojo oscuro cualquier receta. Para asarlo como Dios manda, agrégale un poco de aceite y lo horneas a máxima temperatura por 15 minutos, o hasta que su piel se torne algo negra. Cuando lo saques del horno, le retiras la fina piel que se desprende, o lo envuelves en papel transparente y, cuando pierda temperatura, con el mismo plástico podrás retirar la piel fácilmente.

Quesillo de naranja

1 hora; 8 a 10 porciones

Me inspiré en este flan casero, típico de las abuelas venezolanas, un día en que se me ocurrió tratar de hacer un flan con menos calorías. Probé su versión original en uno de mis primeros viajes a Caracas y, para darle un toque festivo y diferente, le añadí la naranja y el licor. Muchos aseguran que el origen de este postre viene de la versión del flan de huevo de las Islas Canarias, España, y su nombre "bautizado" en Venezuela se debe a que los agujeros que se le forman recuerdan a los agujeros de un queso fresco. No tiene queso ni leche evaporada; esas calorías no hacen falta cuando el sabor es memorable y la experiencia, religiosa.

LO QUE NECESITAS:

1   lata de 14 oz de leche condensada
1   taza de leche entera
4   cucharadas de leche en polvo
1   cucharada de licor de naranja
2   cucharaditas de ralladura de naranja
1   cucharadita de ralladura de limón
1   taza de azúcar
5   huevos

LO QUE TIENES QUE HACER:

1. Precalienta el horno a 375 ºF.

2. Mezcla bien los huevos en una licuadora o batidora de mano y agrega todas las leches y el licor.

3. Transfiere a un tazón profundo, añade las ralladuras y mezcla manualmente. Deja a un lado mientras haces el caramelo.

4. Añade el azúcar y agrega unas 4 o 5 gotitas de agua o de jugo del limón en una sartén a temperatura media-alta y menea con una cuchara de madera o metal hasta que esté totalmente derretido, sin grumos y de un color dorado oscuro. No dejes que se queme y se ponga marrón porque alterará el sabor del quesillo.

5. Vierte inmediatamente el caramelo en el molde de hornear y muévelo para que el caramelo cubra todo el fondo y un poco de las paredes.

6. Cuando se seque, vierte la mezcla del quesillo dentro del envase con caramelo y llévalo al horno en baño María por unos 40 minutos, o hasta que al insertar un palillo este salga limpio.

7. Cuando esté listo y pierda algo de temperatura, lo pones en la nevera para que enfríe bien. No trates de desmoldarlo caliente pues puede echarse a perder. Incluso, lo puedes preparar un día antes de que lo vayas a servir.

8. Decora con frutas, ralladuras o menta.

Recuerda que también lo puedes preparar de maíz, banana, café, frutas, coco, calabaza o queso crema. En fin, todos los sabores con que se hace un flan se pueden hacer en quesillo. Si es tu primer quesillo o flan, el baño María significa que dentro del horno el molde del flan debe de estar dentro de otro molde más grande con agua que cubra al menos el 50 a 60% del molde del flan. Te recomiendo que el molde del agua lo llenes una vez que lo hayas puesto en el horno, usando una jarra de agua, y así evitarás accidentes. Este postre hace muy buena pareja con un vino dulce.

Natilla de parcha

15 minutos, el resto lo hace la nevera; 7 u 8 porciones

La crema catalana, la natilla y la crème brûlée *francesa son todas de la misma familia, lo que cambia es que unas llevan más o menos maicena y unas se hacen al horno y otras en nevera. Cuenta la leyenda que la crema catalana surgió de un error en la cocina. Cierto o no, yo celebro esa "casualidad" con mi versión de fruta de la pasión, para acercarlo más a Latinoamérica. Mi intención fue crear una delicada natilla sin tener que pasar por el horno ni obligarte a quemar el azúcar. La puedes hacer solo de vainilla —que es la tradicional—, de licor de naranja, de almendras; o bien, mientras calientas la mezcla, agrega ralladura de cítricos, menta, canela, lavanda o cualquier otra especia con la que puedas hacer una infusión y luego colar.*

LO QUE NECESITAS:

2 **tazas de crema espesa**

1 **taza de leche entera (nada de 2%; necesitas leche entera)**

2 **cucharadas de maicena**

¾ **de taza de azúcar (prefiero usar azúcar de caña orgánica)**

½ **taza de pulpa de parcha, congelada**

½ **cucharadita de vainilla líquida natural o la vainilla de una vaina**

4 **yemas de huevo**

LO QUE TIENES QUE HACER:

1. Descongela la pulpa de la parcha, córtala en pedazos y déjala a un lado.

2. En un tazón profundo, mezcla bien las yemas, hasta que se pongan "pálidas", agrega luego el azúcar, la maicena y mezcla bien.

3. Mezcla con la crema y la leche, la vainilla, la parcha y llévala a una olla a temperatura media-alta por 10 minutos sin dejar de remover suavemente y sin dejar que hierva.

4. A los 10 minutos, reduce un poco la temperatura, sigue cocinando y meneando por 3 minutos más.

5. Entonces la crema estará espesa, sin grumos y lista para retirar del fuego y servir en vasos, tazas o platos de crema.

6. Lleva a la nevera por 24 horas y, cuando vayas a servir, decora con menta.

Me crié con esta deliciosa fruta en el patio de casa de mis abuelos, sin imaginar que era natural del Perú. Recuerdo ayudar a mis abuelos a recolectarla, a hacer un refrescante jugo y a comerla con cuchara. Tanto la amarilla como la púrpura son amargas y dulces a la vez. La parcha, también conocida como fruta de la pasión, parchita o maracuyá, es una fruta tropical con increíbles propiedades, repleta de vitaminas, minerales y antioxidantes. Junto a la fruta, sus hojas y flores son medicinales y actúan como calmante, ayudan a bajar la presión, además de ser "milagrosas" para resolver problemas intestinales asociados con la ansiedad. Puedes conseguir la flor seca para tomar en té. Si no encuentras la fruta fresca, compra la pulpa, que se consigue en supermercados en la sección de frutas y vegetales congelados; con ella puedes hacer jugos, yogur, helados, tartas y salsas, entre otras delicias.

Panna cotta de coco y canela

10 minutos, el resto lo hace la nevera; 6–8 porciones

Si quieres darle un toque festivo al momento de añadir la gelatina a la mezcla de leche, agrega una onza de brandy. Una vez que aprendas a hacer la panna cotta *podrás ponerte creativo con otros sabores con los que la puedes preparar como licor de naranja, fresas —como te enseño en la página 203—, mango, calabaza dulce hervida, café, queso crema o de cabra y hasta de remolacha para acompañar tu almuerzo o cena. Puedes decorar también con cacao en polvo, almendras, pistachos molidos o hasta un coulis o puré de fresa o moras, dependiendo del sabor que le des a la* panna cotta. *Siempre que lo hago de coco le agrego canela en polvo, tal cual y se adorna el tembleque en mi país.*

LO QUE NECESITAS:

10 **oz de leche de coco**

10 **oz de crema espesa**

½ **taza de azúcar (yo uso azúcar de caña orgánica)**

1 **sobre de gelatina sin sabor (2½ cucharaditas aproximadamente)**

1 **cucharadita de vainilla líquida o media vaina de vainilla**

Canela en polvo al gusto o menta fresca para terminar

LO QUE TIENES QUE HACER:

1. Echa la gelatina con unas gotitas de agua en una taza para que tome la consistencia y deja a un lado.

2. Agrega la crema, la leche, la vainilla y el azúcar en una olla mediana. Calienta hasta que el azúcar se haya disuelto y la leche esté a punto de hervir.

3. Retira del fuego, añade la gelatina y mezcla suavemente hasta que todo esté bien incorporado.

4. Sirve en vasijas y llévalos a la nevera por 4 horas.

5. El toque final se lo puedes dar con canela o unas hojas de menta como decoración.

La *panna cotta* es un postre tradicional italiano, fácil de preparar, delicado y muy cremoso. Suelo prepararlo para las cenas de Navidad ya que se parece al tradicional tembleque, un postre que no falta en la época de fiestas de mi isla. El coco, en todas sus versiones, nos saca de la rutina, ya sea usando el agua, la leche, el aceite, la crema o sus ralladuras, pero siempre con moderación. Recientemente ha cobrado popularidad además de por su dulce sabor, por sus increíbles propiedades nutricionales y medicinales. Yo hasta como crema para el cuerpo uso el aceite; ese consejo me lo robé de Thalia, que lo hace también.

Mousse de papaya

15 minutos; 4 porciones

En Brasil también hacen esta receta con yogur, mantecado de vainilla o leche condensada en vez de crema, como lo hago yo. Así que puedes hacer varias versiones hasta conseguir tu favorita. Este mousse es perfecto para esos días que quieres un postre fresco, simple y que enamore a toda la familia, ¡sin contar todo lo nutritivo que tiene esta fruta tropical! No te olvides que con la papaya puedes hacer batidos espectaculares. Mi madre los hacía siempre y por eso me inspiré a compartirlo contigo en la página 27. Pero hasta en una ensalada de papaya y aguacate con un aderezo de papaya, usando sus semillas, queda increíble.

LO QUE NECESITAS:

- 2 tazas de papaya madura, limpia, sin piel, semillas, ni fibra
- 1 taza de crema espesa
- ¼ de taza de azúcar en polvo

LO QUE TIENES QUE HACER:

1. En un procesador bate la papaya por unos 10 a 15 segundos.

2. Añade el azúcar y mezcla por 10 segundos más.

3. Añade poco a poco la crema espesa hasta que todos los ingredientes estén bien combinados y tenga consistencia de crema.

4. Sirve en copas de cóctel y deja enfriar en la nevera por al menos media hora.

5. Adorna con menta fresca cuando lo vayas a servir.

La papaya o lechosa es otro tesoro que tenemos a nivel nutricional y por eso no podemos ignorarla. Está repleta de vitaminas, es antioxidante, buena para nuestro sistema digestivo y además es baja en calorías. En Brasil este *mousse* es muy típico y le llaman *creme de papaia*. Solo que ellos usualmente lo terminan con licor de grosellas negras, mejor conocido como *crème de cassis*. Este bautizo lo dejo a tu discreción. La clave de la papaya es comprarla madura, no verde, y sin importar lo que vayas a preparar, la cortas a la mitad y con una cuchara le retiras las semillas, la fibra y la pulpa.

Flan de maíz

50 minutos; 6 a 8 porciones

Por mucho tiempo no supe cómo incorporar el maíz a mis recetas; en casa solo se comía en arroz, asado en barbacoa o ensaladas. Pero mis amigos mexicanos, que son unos expertos del maíz y que lo usan a todas horas, fueron mis mejores maestros. La inspiración también te llega de solo caminar por las calles de México y respirar el aroma de los puestos de maíz asado, que son todo un espectáculo. En otros países como Ecuador y el Perú, el tipo de maíz es diferente. Para que esta receta te quede bien debes usar maíz de grano pequeño y dulce, el más común en la mayoría del mundo. Este flan también lo puedes hacer de mango, banana, café, chocolate, queso crema, guayaba o vainilla con brandy o licor de café. Solo mezcla tu ingrediente favorito con las leches, los huevos y listo.

LO QUE NECESITAS:

- 3 o 4 **mazorcas frescas (1¾ tazas de maíz fresco) hervidas por 8 minutos y desgranadas**
- 5 **huevos enteros**
- 1 **lata de 14 oz de leche condensada**
- 1 **lata de 12 oz de leche evaporada**
- 1 **taza de azúcar**
- ½ **cucharadita de vainilla**
- ½ **limón**

LO QUE TIENES QUE HACER:

1. Precalienta el horno a 350 ºF.

2. Añade el azúcar, unas 4 o 5 gotitas de jugo de limón en una sartén a temperatura media-alta y, cuando veas que se empieza a derretir, comienza a menear lentamente hasta que esté bien derretido, sin grumos y de color dorado. Asegúrate de no quemarlo y de que no te quede marrón, pues eso alterará el sabor del flan.

3. Cuando esté listo viértelo inmediatamente en el molde de hornear, girándolo para que cubra todo el fondo y un poco de las paredes. Luego, déjalo reposar.

4. Licúa los granos de maíz cocido con las leches, los huevos y la vainilla hasta que el maíz esté bien triturado.

5. Transfiere al molde del caramelo y llévalo al horno en baño María por unos 40 minutos, o hasta que al insertar un palillo fino éste salga limpio.

6. Deja enfriar y llévalo a la nevera.

7. Cuando esté bien frío lo despegas del molde a vuelta redonda, usando un cuchillo, lo volteas a un plato más grande que el del flan.

8. Lo adornas con maíz, crema batida o menta fresca y lo sirves.

 Hablar de flan es hablar de caramelo. Y el secreto de mantener equilibrado un flan es un buen caramelo, broncearlo muy ligeramente, pues cuanto más marrón esté, más fuerte será su sabor, y no quieres que el caramelo se coma la experiencia en boca del sabor que le estás dando al flan. Un flan de leche pide dorar más el caramelo pero uno con frutas, vegetales o queso merece quedar más delicado. Mucha paciencia y mucho amor mientras derrites y mueves el caramelo en el calor.

Cheesecake de guayaba

50 minutos; 8 porciones

Esta receta es muy especial, la aprendí del mejor pastry chef *que ha parido mi tierra, Danny Rodríguez, al que admiro mucho y quien me dio muchos consejos cuando empecé a dar mis primeros pasos en la cocina profesional. Soy más de cocinar recetas saladas que dulces, quizás porque no soy dulcera, bueno, menos cuando estoy frente a un postre preparado por él. Lo mejor de esta receta es que después de que te atrevas a prepararla, ya tendrás la base para ponerle el sabor que gustes al* cheesecake: *chocolate, mango, banana, membrillo, manzana, calabaza, mantequilla de maní, ron de almendras, en fin, no hay límites para ponerse creativo.*

LO QUE NECESITAS:

- 2   **paquetes de 8 oz de queso crema**
- 1   **taza de agua**
- 1   **taza de azúcar**
- **10 a 12 oz de pasta o una lata de cascos de guayaba**
- 4   **huevos enteros**
- 2   **yemas de huevo (guarda las claras para los huevos revueltos de la página 30)**
- 1   **cucharadita de vainilla o una penca de vainilla**
- 1   **bandeja de aluminio de *crackers* Graham**

LO QUE TIENES QUE HACER:

1. Retira el queso de la nevera media hora o una hora antes para que esté suave y manejable.

2. Precalienta el horno a 350 °F cuando vayas a empezar.

3. Agrega los cascos de guayaba con su almíbar o las 10 a 12 oz de pasta de guayaba con una taza de agua en una licuadora y mezcla bien hasta que tengas una salsa y deja a un lado.

4. Con una batidora eléctrica, combina el queso, el azúcar, luego añade una a una las yemas de huevo, la vainilla y los huevos enteros. Puedes ponerlo a velocidad 2 y dejarla batiendo por 5 minutos para que todo se combine bien. Ve limpiando el envase con una espátula para que regreses al fondo la mezcla que se sube por los bordes.

5. Echa la mitad de la salsa de guayaba (¾ de taza aproximadamente) y bate por 3 minutos más. La salsa que sobra la usas para decorar el plato cuando vayas a servirlo.

6. Una vez mezclado todo, pasa la mezcla al molde de galleta y asegúrate de que se siente bien a vuelta redonda.

7. Lleva al horno en baño María por 40 a 45 minutos aproximadamente.

8. Retira del horno y, en cuanto pierda un poco de calor, llévalo a la nevera por un mínimo de 4 horas antes de servirlo.

9. Decora con la guayaba que te sobre y unas hojitas de menta, si gustas.

Guayaba, guava o guayabo, esta fruta exótica y tropical de América existió siempre en el patio de mi casa. Nos peleábamos por ser los dueños de cada flor que se convertiría después en un fruto. Mi madre y yo solíamos vigilarlos cada semana. Nada como saborearla al natural. Es rica en vitamina C, antioxidantes y alta en fibra. Sus propiedades para el sistema digestivo son muchísimas, sin contar todo lo que podemos hacer con ella en la cocina, tanto fresca como en pasta o comprando en lata sus "casquitos", como se le llama a su pulpa, que se sirve en muchos países de postre con una rodaja de queso fresco. Una vez que proceses la pasta o los cascos en la licuadora, puedes hacer salsas y aderezos mientras que con la guayaba fresca puedes hacer la pasta y mermeladas para otras recetas. Ella mezcla bien con vinagre balsámico, naranja, limón y hasta con salsa soya para agregarla a un filete de salmón, marinado de pollo al horno o para costillas al horno o a la parrilla. Todo lo que puedes hacer con ella lo puedes hacer también con el membrillo.

Flan de calabaza dulce

20 minutos, el resto lo hace el horno y la nevera; 8 a 10 porciones

Esta receta es un clásico de mi tía Noemí en el Día de Acción de Gracias, pero ella lo hace con la calabaza común y consigue un sabor y color más fuertes. Para conocer la diferencia entre ambas, ve a la página 46. Lo cierto es que el flan nos une a todos los hispanos y encanta a cualquier raza. Lo puedes cocinar con la técnica del quesillo venezolano de la página 209 o como esta tradicional receta de flan. Prepáralo con amor y mucha confianza para que luego lo compartas con otros en la familia. Este postre es mejor prepararlo el día antes o al menos 8 horas antes de servirlo para asegurarte de cortarlo cuando esté bien frío y tenga una buena consistencia. A la hora de decorar, se vale cualquier fruta, semillas de calabaza, almendras, nueces, crema batida o menta.

LO QUE NECESITAS:

- 1 lata de leche condensada
- 1 lata de leche evaporada
- 4 huevos
- 2 tazas de calabaza dulce pelada, sin fibras, hervida, bien majada y sin líquido
- 1 taza de azúcar (para el caramelo)
- ¼ cucharadita de vainilla (natural)
- ½ limón, lima (opcional)

LO QUE TIENES QUE HACER:

1. Precalienta el horno a 350 ºF.

2. Combina los huevos, las leches y la vainilla en un tazón profundo o una licuadora.

3. Añade la calabaza cocida, mezcla bien y aparta.

4. Para hacer el caramelo: en una sartén a temperatura media, echa el azúcar y 4 o 5 gotitas de limón. Cuando se empiece a derretir por los bordes, comienza a moverlo hasta que esté totalmente derretido, con casi ningún grumo y de color dorado oscuro, no marrón ni quemado, para que no altere el sabor delicado del flan.

5. Lo viertes rápidamente, pero con mucho cuidado, en el molde del flan, asegurándote de que se cubra todo el fondo y un poco de las paredes.

6. Cuando se seque el azúcar, le añades la mezcla inicial.

7. Lleva al horno en baño María (colocas el molde del flan dentro de otro molde con agua suficiente para cubrir al menos ¾ partes de la superficie). Cocina por 45 minutos o hasta que al introducir un palillo en el flan salga limpio (sin mezcla pegada).

8. Cuando pierda calor, lo colocas en la nevera para que se enfríe durante un mínimo de 3 a 4 horas.

9. Al momento de servirlo, lo despegas del molde a vuelta redonda usando un cuchillo o espátula fina. Luego lo volteas a un plato liso que sea más grande que el molde de hornear, y listo para comer.

El toque de la vainilla es imprescindible en casi todos los postres. Benditos sean los que viven en México o República Dominicana que la cultivan. Una tarea nada fácil y completamente artesanal. Aunque es un poco más cara, para mí no hay nada mejor que usar la vaina entera, que encuentras en frascos en la sección de especias del supermercado. La cortas a lo largo, la abres y despegas la vainilla de la vaina con un cuchillo pequeño, deslizando el borde del cuchillo. Si tu presupuesto no te lo permite, asegúrate de que la vainilla líquida que compres sea hecha con vainilla, sin aditivos y no sea una simple imitación del sabor de la vainilla. Eso sería un pecado.

Ponche de Jamaica, tequila, jengibre y menta

5 minutos; 1 trago

Una bebida aromática y algo "picantita", perfecta para la fiestas ya que es fácil de preparar, rinde mucho y ¡alegra a todos por igual! Sirve en vaso de cosmopolitan *para que luzca elegante y si quieres adelantar trabajo, mezcla todo en una jarra y mantenlo en la nevera durante la fiesta. Te aseguro que no durará mucho. Hasta puedes hacer un ponche añadiéndole frutas troceadas como manzana verde, uvas blancas y, cómo no, un chorrito adicional de ron de naranja, brandy o jerez.*

LO QUE NECESITAS:

4   oz de agua de Jamaica bien fría
2   oz de tequila
1 ½ oz de licor de naranja
½   cucharadita de miel o miel de agave
¼   de cucharadita de ralladura de jengibre
Menta fresca, machacada en un mortero
Hielo

LO QUE TIENES QUE HACER:

1. En vaso de mezclar machaca 2 o 3 hojas de menta y añade los líquidos y el jengibre.

2. Agrega el hielo, mezcla nuevamente, sirve y decora con más menta.

3. Para preparar el agua de Jamaica para este trago o como infusión, hierve a temperatura media 5 tazas de agua con 1 taza de flor de Jamaica por 20 minutos.

4. Añade ¼ de taza de azúcar y mueve bien para que disuelva. Retira del calor y deja que se enfríe.

5. Cuela y lleva a la nevera.

6. Hay quienes prefieren agregar clavos, anís, nuez, vainilla o canela; yo la prefiero solita y la mantengo siempre disponible en la nevera y en una noche de fiesta la bautizo con esta receta.

En mi nevera siempre encuentras agua de Jamaica o *hibiscus*, como se le conoce en inglés. Es la flor seca de la amapola que en algunos países de Latinoamérica se toma con mucha frecuencia a cualquier hora del día. La flor de Jamaica es más común de lo que crees y la encuentras seca, en bolsitas, en la sección de chiles secos o hierbas del supermercado. Es un diurético natural, ayuda a eliminar toxinas y está cargada de antioxidantes, minerales, además de que aseguran que baja los niveles de colesterol y triglicéridos y ayuda con la hipertensión, entre otras cosas. Nada mejor que un agua fresca de Jamaica, como la llaman en México, en vez de una soda o jugo artificial.

Mis coquitos

15 minutos; para regalar y compartir por un mes

Para hacer el coquito de chocolate, usa cacao natural o chocolate 70% para que haga buen equilibrio con el dulce de la bebida. Por cada 8 onzas de coquito ya preparado, echa 2 cucharaditas de chocolate en polvo, mezcla bien y a la nevera. Para hacer el de café, añade 2 cucharadas de café negro, ya colado, por cada 8 onzas de coquito. Igual, mezclas y refrigeras.

No te asustes cuando veas que la porción de esta receta es abundante, lo normal es hacer coquito para toda la época navideña. El ron se encargará de que no se dañe. Eso sí, el secreto es usar un ron delicado; yo uso Don Q blanco de Puerto Rico, para que case bien con el resto de los ingredientes. Mi amiga Natasha hace una fiesta cada año en la que cada invitado lleva su receta y probamos 30 a 40 coquitos y, créeme, todos son diferentes. Cada persona tiene su estilo, hay quienes le agregan nuez moscada, clavo y brandy entre otros ingredientes. Anímate ↑ *tu coquito que seguro que haces uno inolvidable.*

LO QUE NECESITAS:

5 **latas de leche evaporada (de 12 oz)**
3 **latas de leche condensada (de 14 oz)**
2 **latas de "crema" de coco (de 15 oz)**
2 **latas de leche de coco (de 13.5 oz)**
6 **huevos completos**
1 **botella de ron blanco de Puerto Rico (750 ml)**
2 **cucharadas de canela**

LO QUE TIENES QUE HACER:

1. Bate bien los huevos manualmente y poco a poco añade las leches.

2. Agrega la botella de ron blanco y la canela en polvo. Soy de las que prefiere no usar la licuadora, pienso que en el trabajo manual se pone mucho más amor, pero esa soy yo.

3. Una vez esté todo bien mezclado, lo echas en botellas de cristal (puedes usar corcho si no consigues la tapa) y las pones a enfriar.

4. Si gustas y para decorar, al servir cada vaso, añade más canela en polvo o coco rallado para sentir los pedacitos en cada sorbo.

5. Bébelo con precaución, equilibrio, bien frío y sin hielo.

El coquito es una bebida típica puertorriqueña que se prepara durante la temporada navideña. Es tradición entre los boricuas, preparar su receta y compartirla entre amigos y familia. Y para ello estamos todo el año recolectando lindas botellas para luego rellenarlas, decorarlas e intercambiarlas o llevarlas de regalo a alguien querido. Así que no te extrañe que me invites a tu casa en diciembre y llegue con una de estas. Se dice que esta bebida data de la época de los campesinos que trabajaban la caña de azúcar en el siglo XIX, e inspirado en el ponche americano, nació el "ron con coco" que luego se transformó en coquito. La versión de las abuelas era con leche de coco natural, pero gracias a Dios y a la Virgen hoy la tenemos en lata lista para mezclar.

Mojadita de piña y cilantro

5 minutos; 1 mojadita

Amo el buen pisco, lo tomo casi siempre en este cóctel o solo, sin hielo, como si fuera tequila. También lo puedes invitar a una que otra receta de salsa para carne o mariscos como la de la página 195 y hasta en ceviches o postres con frutas tropicales. Para este trago me inspiré en un gran amigo que me enseñó mucho de la cocina peruana, el chef Carlos Delgado, que me cuenta que en su pueblo disfrutaba de tomar "mojadita" en vez de "mojito", sustituyendo el ron por el pisco... y como ya sabes que tengo pasión por la piña y el cilantro, qué mejor que unirlos a todos y celebrar. Gracias chef, por la musa y por compartir tu cocina conmigo.

LO QUE NECESITAS:

2 oz de pisco (yo uso pisco Portón)
2 oz de jugo de piña natural
½ oz de jugo de un limón fresco
1½ cucharaditas de miel al gusto
1 taza de hielo triturado
Un chorrito de soda
2 ramitas de cilantro (15 hojas)
1 ramita adicional para decorar

LO QUE TIENES QUE HACER:

1. Agita todos los ingredientes y añade el hielo al final.

2. Para servir agrega un chorrito de soda, decora y di ¡salud!

La poderosa y sabrosa piña o ananá, como se conoce en otros países, es una de mis frutas favoritas y su jugo fresco es mi champán mañanero. Es una fruta tropical, para muchos exótica, originaria de Suramérica. Es tremenda fuente de vitaminas B y C y fibra. Además, contiene bromelina que ayuda con la digestión. Como si fuera poco, se dice que también alivia la inflamación relacionada con la artritis y el dolor en las articulaciones, entre muchas otras condiciones. Consúmela fresca y agrégala a tu lista de meriendas. En mi vida nunca falta, y es tan así que hasta me encanta en tragos.

Mango RumRita

5 minutos; 1 porción

Esta misma receta la puedes hacer con néctar de guayaba, parcha, piña y hasta con aguacate. Jamás olvidaré el día que la productora de mi show Boricuas, de Fox Life, *me pidió en televisión que improvisara –en directo– una receta con aguacate. Jamás lo hubiese pensado pero quedó refrescante, cremosa y memorable. Todos quisieron probarla cuando llegamos a comerciales y no sobró ni la muestra. Para decorar con sal la copa, humedece los bordes con limón y luego la volteas sobre un plato que tengas con sal.* Cheers!

LO QUE NECESITAS:

2   oz de ron oro
2   oz de néctar o puré de mango
1   oz de triple sec
½   oz de jugo de limón
1   cucharadita de miel o miel de agave
Hielo triturado (solo para enfriarla)

LO QUE TIENES QUE HACER:

1. Mezcla bien todos los ingredientes en una coctelera.

2. Agrega hielo para enfriarla y luego sirve en un vaso de martini. Si la prefieres en las rocas, le dejas el hielo; si deseas convertirla en una *frozen* Mango RumRita, añades más hielo y la transformas en la licuadora.

3. Para decorar la copa añade sal como se hace en la clásica margarita y pon en el borde una rebanada fina de limón. ¡Salud!

 La margarita, aunque se desconoce quién la inventó, sabemos que es "nacida y criada" en México y popular en el mundo entero. A mí me gusta mucho y en mi búsqueda por crear algo único y divertido, surgió el Mango RumRita. Una vez que lo pruebes entenderás por qué ahora es mi bebida favorita. Con ron oro de República Dominicana, Puerto Rico, Colombia o Guatemala sabe mucho mejor pues la delicadeza del licor le sienta mejor al mango.

Melón y kiwi ajumaos con vino blanco

5 minutos; 6 a 8 porciones

La sangría es tan popular como la paella y no solo en España sino en muchos rincones del mundo. Si yo te contara... me he topado con tremendas recetas de esta refrescante bebida. Si quieres agregar una bebida gaseosa como ginger ale o soda de limón, añádela fría al momento de servirla. No olvides que una sangría nunca se sirve recién hecha, hay que dejar que la fruta se macere con el vino. Consérvala en una jarra de cristal en la nevera por 1 a 2 horas antes de servir para que esté bien fría. Si usas vasos o copas, recuerda añadir alguna fruta o hierba para decorar. Brindo por mi abuela Guelín que ama esta receta y siempre me la pide. ¡Chin chin!

LO QUE NECESITAS:

1   botella de vino blanco de uva *sauvignon blanc*, albariño o torrontes
1   taza de jugo de uva blanca
2   cucharadas de *brandy*
2   cucharadas de licor de naranja
1   lb de melón blanco (verde), sin piel y cortado en cubos o bolitas pequeñas
2   kiwis sin piel y cortados en rodajas
1   cucharada de miel o miel de agave
Jugo de 1 limón o naranja

LO QUE TIENES QUE HACER:

1. Mezcla en una jarra el vino, el *brandy*, el licor, los jugos, el melón, el kiwi y la miel.

2. Si quieres corta el melón en bolitas pequeñas para que se vea lindo. Usa una cuchara chica de servir helado, una pinza de cortar melón o incluso alguna cuchara de medir que sea redonda.

3. Remueve todos los ingredientes bien en la jarra y deja reposar en la nevera durante por lo menos dos horas, y mejor si cuatro.

4. Sirve con hielo y decora con la misma fruta o menta fresca.

En realidad esta receta era una "sangría blanca" hasta que el Parlamento Europeo, a principios de 2014, decidió proteger el nombre "sangría" mientras yo escribía este libro. Ahora solo se puede llamar así si está hecha en España y Portugal y lo demás debe de llamarse "bebida aromatizada a base de vino". Igual pasa con el champagne que para llamarse así tiene que venir de la región que da su nombre.

Así que ahora en cada bar o cocina fuera de España, habrá que buscarle otro nombre a esta famosa y refrescante bebida. Como "ajumao" es sinónimo de "borracho" y como la fruta se macera en vino, mi versión tropical se "ajumó" en vino blanco.

Paloma

5 minutos; 2 porciones

Este trago no falta en ninguna fiesta mexicana. Incluso es tan común y fácil de preparar que hasta en las bodas tienen en cada mesa los ingredientes para que lo prepares tu mismo. Es refrescante, fácil de digerir, y si eres el anfitrión de la fiesta, te encantará porque rinde mucho. La versión de pomelo se hace con soda saborizada pero es difícil de encontrar fuera de México. Así que puedes hacer mi versión de soda de lima y limón o como la que me acostumbré a preparar en casa, exprimiendo un poco de toronja fresca. Prepárala con tu jugo favorito e incluso te invito a decorarla también con hierbas como la albahaca o la menta, que le sientan muy, pero que muy bien.

LO QUE NECESITAS PARA LA PALOMA DE LIMA Y LIMÓN:

2   oz de tequila blanco
4   oz de soda de lima y limón
Jugo de ½ limón
Sal para el vaso, si gustas
Hielo
Rodaja de lima, para decorar

LO QUE NECESITAS PARA LA PALOMA DE TORONJA O POMELO:

2   oz de tequila blanco
2   oz de jugo de toronja rosada
2   oz de soda de lima y limón
Jugo de ½ limón
Sal para el vaso, si gustas
Hielo
Rodaja de lima, para decorar

LO QUE TIENES QUE HACER:

1. En un vaso largo agrega el hielo y todos los ingredientes
2. Mezcla y a celebrar.

Aún recuerdo, de chica, la ceremonia de ir a la mesa a pelar toronjas en casa de mis abuelos, donde mi madre y mi abuela durante la temporada de la fruta eran sus fanáticas número uno. Cerca del 90 por ciento del pomelo o toronja, como le llamamos en la isla, es agua y eso le da la capacidad de saciar nuestra sed. Como tiene menos calorías que otros cítricos y tiene propiedades diuréticas y depurativas, siempre está en las dietas para perder peso. Está cargada de vitamina C, fibra, ácido fólico, antioxidantes y muchos minerales. Se dice que disminuye los niveles de colesterol en la sangre, está catalogada como anticancerígena y es beneficiosa en casos de alta presión, retención de líquidos y defensas bajas. ¡No la ignores!

El sofrito,
la salsa madre de los hispanos

Las abuelas y las madres comienzan sus recetas, siempre, con su mejor sofrito. Para mí es la receta más íntima que existe, y aunque venga de herencia familiar, cada uno en la cocina le da su toque personal.

El día que pregunté en mi página de Facebook cómo hacían el sofrito, tremenda sorpresa me llevé al descubrir cuánto podía variar el sofrito dentro de un mismo país. Lo cierto es que no hay una forma correcta o incorrecta de hacerlo; unos lo hacen al momento y otros lo guardamos en el congelador listo para sofreír. Nada se compara a un sofrito hecho al momento pero, si tu país es como el mío donde el sofrito lleva casi diez ingredientes, refrigerarlo o congelarlo es la gloria.

En cada país, pueblo, familia y en cada cocina hay una fórmula ganadora. Hay quienes dicen que originalmente vino de España, y allá la Real Academia Española lo describe como un "condimento que se añade a un guiso compuesto de diversos ingredientes fritos en aceite, como la cebolla y el ajo".

Primero, la santa cebolla tiene que sudar para dejarnos con todo su sabor y dulzura empapados de mi amado aceite de oliva extra virgen. Históricamente, después llegaron el ajo y los puerros y, más tarde, con la unión del Viejo y el Nuevo Mundo, el sofrito llegó a América a casarse con el tomate y el pimiento. Y así terminamos o empezamos todos los que hablamos español, haciendo un sofrito al comienzo de cada receta.

En España he aprendido a hacer varios sofritos. Dependiendo siempre de lo que se prepare, unos añadirán pimiento verde, azafrán; otros, ñoras, pimiento choricero, pimentón y/o tomate. En el sur lo hacen parecido a algunas recetas cubanas que conozco con ajo, orégano, *brandy* o jerez y laurel, y hasta he visto que le agregan frutos secos. Otros más clásicos llevan solo aceite de oliva, ajo, puerro, pimiento dulce —similar al *cubanelle*— o cebolla blanca. También en ocasiones le agregan tomate rallado y se deja cocer a fuego lento. Y si a ese tomate le agregas una pizca de azúcar, terminas con una clásica salsa como la del atún con tomate de la receta de la página 148.

En el mundo culinario, *salsa madre* es el nombre que los franceses, y todo el que pasa por una escuela de cocina, le dan a una salsa superelaborada de la que parten otras salsas clásicas. Por eso digo que el sofrito es la madre de la cocina hispana. Y es que el sofrito tiene la virtud de transformar una receta de la más simple a la más sabrosa, porque rehogar correctamente unos cuantos ingredientes establece la base para potenciar cualquier plato.

Te doy un ejemplo: en Perú aprendí a hacer un sofrito con aceite, cebolla blanca y ajo picados muy fino para hacer algo tan simple como un arroz blanco. ¡Inténtalo y te acordarás de mí!

Y como notarás en mis recetas inspiradas en Perú, su sofrito básico generalmente combina aceite, ajo, cebolla y ají amarillo. Ellos le llaman *refrito* o *aderezo*, y también lo hacen con aceite o manteca de cerdo, ajo, cebolla morada, ají amarillo, panca (o el que tengas en el momento) y, en otros casos, tomate. Si usan orégano y cilantro, prefieren agregarlo al final para que el aroma sea más intenso, lo mismo que harían con el cebollino. En la cocina de la selva le agregarían luego un sazonador con cúrcuma, al que ellos llaman "guisador" y "mishquina" y que es similar al *curry* de la India, que viene a ser como el pimentón o el azafrán de los españoles o el achiote de los latinos.

Como buena boricua, yo hago mi sofrito en el procesador de alimentos. Similar a lo que haría un dominicano, algunos cubanos y uno que otro de mis amigos de Yucatán, le agrego unos 15 ajíes dulces, ají cachucha o gustoso (como le dicen en Cuba y Dominicana), con todo y semillas. Ese ají es nuestro ingrediente estrella y no pica. A eso le añado una cebolla blanca y una roja, un pimiento dulce o *cubanelle*, un pimiento morrón verde y otro rojo, un ramo de cilantro, varias hojas de culantro y una pizca de orégano fresco o seco (aquí mi abuelo hubiera agregado orégano brujo del patio que aporta más sabor). Eso lo mezclo y lo guardo en envases pequeños que congelo y voy usando poco a poco. No le agrego aceite porque el aceite lo añado al momento de sofreír y cocinar mi guiso, arroz o proteína. Y si a ese sofrito le echo tomate y laurel, como hacen en España, me queda lo que llamamos mojo criollo, para acompañar atún fresco o de conserva y pescados o mariscos frescos.

Si seguimos en este viaje latinoamericano, saboreamos el sofrito que hacen en varios hogares que conozco de Nicaragua y que incluye aceite vegetal, ajo, cebolla amarilla, chiltomas (que es como le llaman a los pimientos) y un chorrito de limón o vinagre blanco.

¡Ojo!, existen también opiniones sobre si se echan o no todos los ingredientes a la vez. Cada cocinero guarda su secreto, pero el mío es a temperatura media, para que suden lentamente y no se quemen. Si uso el sofrito de mi tierra, los agrego todos a la vez pues lo tengo siempre listo de antemano. Pero si preparo cualquier otro, los agrego uno a la vez, empezando siempre por el ajo, luego la cebolla y los chiles, después los pimientos y tomate, si llevara. Lo más importante al cocinarlo es la paciencia para que así los sabores se puedan manifestar.

En mi México lindo y querido hay quienes le llaman recaudo, y algunas de sus versiones incluyen ajo, cebolla, chile cascabel, serrano, jalapeño, comino y algunas veces cebollín (cebolla de cambray) y jitomates (como le llaman al tomate), ya sean crudos o asados, que le dan un toque mágico. También le pueden añadir caldo de gallina, achiote (*annato*), epazote o cilantro y, dependiendo de la receta, podrían llegar el chile guajillo, morita, ancho, entre otros.

En Costa Rica marcan su estilo agregando apio a la mezcla de ajo, cebolla, chile dulce y culantro. En Chile es algo tan sencillo como cebolla, pimiento verde y rojo, orégano, comino y algún ají.

En Venezuela y Panamá hay zonas en que se usan el mismo ají dulce —cachucha— que usamos en algunas islas del Caribe. En la costa de Panamá lo hacen, como en las Bahamas y algunas cocinas de Jamaica, con chile cabro o *goat pepper*, y lo que cocinan lo pintan luego con caldo de pollo oscuro.

Algunos venezolanos y bolivianos le llaman ahogado igual que en Colombia, donde también le dicen hogo y hogao a la mezcla de aceite, ajo, tomate, cebollino y cilantro, como lo hago en la receta de las tortillas de polenta de la página 77 y el pescado hogao de la página 155. Lo que hace peculiar al hogao colombiano es que también se usa como salsa tipo chimichurri para disfrutar, por ejemplo, con empanadas o sobre patacones.

En la sabrosa cocina de Ecuador se llama refrito y el básico es de aceite, ajo, cebolla paiteña (roja), comino, achiote, orégano y sal. Otros lo hacen con aceite de achiote, cebolla blanca y cebollino, tomate, pimiento verde, ajo, cilantro, comino y en algunas cocinas le agregan también el mismo ají amarillo que se usa en Perú. Y de vuelta al Caribe, el sofrito cubano tiene tomates, pimiento *cubanelle* o cachucha, cebolla, ajo, laurel, comino, orégano, vinagre de Jerez (*sherry*) y aceite de oliva.

Lo más cómico de la historia es que esta "salsa madre" se convierte muchas veces en la base de una carne molida o picada para empanadas argentinas o un cerdo para tacos, el sofrito de una paella y hasta el de una salsa para una pasta. ¡Hasta la comida italiana hemos "criollizado" con el sofrito de cada país! En mi isla, para que te quede claro, hasta la lasaña lleva sofrito con ají dulce y cilantro.

Mi misión es motivarte, que te inspires en los ingredientes y técnicas de otros países para que los sabores en tu olla sean más auténticos y puedas viajar a ese país en cada bocado, mientras que sales de la rutina y te convences de que la cocina no muerde. Haz que tu abuela y tu mamá estén orgullosas de tu sazón y que nunca muera la tradición.

Un sorbo de vino, tequila y pisco

Aprendes a valorar la importancia del vino, del tequila y del pisco cuando conoces su historia y su tradición y descubres la historia y la vida que hay dentro de cada botella.

El mundo del vino y sus uvas

Hasta que no te detienes a probar, curiosear y aprender, piensas que todos los vinos saben igual. Decirte cuál deberías tomar es imposible; con el vino pasa como con los novios y las novias: es cuestión de gustos. Pero aquí trato de explicarte lo básico y esencial para que te sumerjas a disfrutarlos como Dios manda.

Las primeras producciones de vino se registran desde el año 5000 a. C. No es algo nuevo, hay culturas y cocinas que fueron creadas e inspiradas en los vinos, como pasa en Italia o en Grecia. Y por suerte hoy día se pone más y más de moda entre nosotros los hispanos, dentro y fuera de EE. UU. La pregunta del millón es ¿qué vino compro? Los de mayor referencia entre los hispanos son los de España, por influencia histórica, y los de California y Argentina, por buen mercadeo. Pero las opciones son infinitas: Italia, México, Uruguay, Grecia, Oregon, Washington, Francia, África, Nueva Zelanda... la lista es larga, y cada región dentro de cada país es un mundo diferente.

La planta de vid produce uvas una vez al año; es una temporada de mucho trabajo e inmensa pasión por parte del viticultor y del enólogo. Se comienza con la poda de la planta, un trabajo de mucha gente en la tierra. Hay que enfrentar inviernos, vientos, lluvias, sol severo y largos días de dura labor, todo para asegurar la mejor calidad de fruta posible cada año. "Luego viene la época de mirar el cielo para que Dios nos ayude con el clima", como lo describe mi amigo y enólogo argentino Marcelo Pelleriti.

Hay regiones en que se puede regar con agua pero en otras no, como en Italia y Francia. Aquí la tarea se complica pues hay que trabajar la tierra para que la planta sea fuerte y absorba agua naturalmente con la ayuda de sus fuertes raíces y del clima. Luego llegan los desbrotes de frutos para que la uva se desarrolle óptimamente y madure con el nivel de azúcar que se busca. La tarea de decidir el momento justo para la cosecha es una práctica artística del viticultor, luego de pasar días probando. Este proceso, junto con las características únicas de cada clima, suelo, técnica y tipo de uva, determina el estilo de cada vino: más aroma a frutos rojos, más cuerpo, menos acidez, más alcohol... Todo está en la mente creativa del viticultor o el enólogo, que luego continúa con meticulosos procesos de fermentación, maduración, embotellado y guarda o añejamiento, para lograr la máxima expresión en cada botella de un año de dura labor.

> "Cuando bebemos una copa de vino, bebemos la cultura de una región, el esfuerzo de un pueblo y muchos siglos de tradición. Si bebemos uvas de plantas de 10 años o quizás de 100 años o más y viñedos que han pasado de generación en generación, bebemos frutos que pasaron por guerras y catástrofes climáticas, bebemos mucha esperanza y voluntad de nuestros abuelos, bebemos la bebida más noble que tiene el planeta. Eso es pasión de vidas".
>
> —MARCELO PELLERITI

Las regiones vinícolas más importantes en el mundo están protegidas por un sistema internacional de regulaciones. Una denominación de origen no abarca un país entero, sino pequeñas zonas, por lo cual pueden ser muchas en un mismo país y con diferentes escalas de "jerarquías", aunque cosechen la misma uva. Aunque no lo creas, la naturaleza cada año se encarga de que no sean iguales, mientras que la denominación protegerá la excelencia en calidad. Por eso escuchas, por ejemplo, que "la cosecha de 2007 fue mejor que la de 2005 en una misma zona". Y este tema sí que lo tengo claro, pues en 2011 fui jurado para la excelente cosecha de la denominación de origen de Ribera del Duero, en España, en 2011. Estuve como niña chica catando una muestra de toda la zona. Ese año fue favorable en clima, rendimiento de uva y labor, de allí que se lograra una puntuación de excelente.

Hay vinos del Viejo y del Nuevo Mundo. Los del Viejo Mundo son vinos de regiones con larga historia y cultura vinícola. Suelen ser de zonas más frías. Para su elaboración se tiene más en consideración la historia de la zona, el origen del viñedo, las costumbres milenarias y las regulaciones. Y siempre la tradición es más importante que la tecnología. Las principales regiones del Viejo Mundo son Francia, Italia, España, Grecia, Portugal, Hungría y Austria, entre otros.

Los del Nuevo Mundo son de regiones que tienen menos de 500 años de historia vinícola. Se experimenta continuamente con distintas variedades de uvas y nuevas tecnologías. Estos vinos se encuentran en zonas más cálidas, son jóvenes, más afrutados y casi siempre más altos en alcohol. Cada país se identifica con una uva emblemática y sus principales regiones son Australia, Nueva Zelanda, Argentina, Chile, Uruguay, México, Estados Unidos, Sudáfrica, Brasil, Bolivia y Perú, entre otros.

Repasemos ahora las cepas de uvas más comunes. Esto es un mundo aparte, pues son más de 2.000 tipos de uvas. Imagínate, solo Italia tiene 1.300 tipos de uvas, así que podríamos dedicar 5 libros al tema, pero lo que quiero es que absorbas una pizca para que puedas apreciarlos, valorarlos y presumir de experto.

Cepas blancas

Torrontés. La uva torrontés es el estandarte de Argentina. De La Rioja salen los de más aroma y los de Cafayate también tienen mucho prestigio. Tienen notas de geranios, rosas, durazno, son altos en alcohol y de mediana acidez. Refrescantes pero se prolongan en boca. Van muy bien como coctel o con ensaladas, mariscos y pescados, tanto en *sushi*, tartar y tiradito como en platos especiados y picantes.

Albariño. El albariño es una de las uvas blancas españolas de mayor calidad; se produce en Galicia, zona que da grandes productos del mar. El vino se elabora en la denominación de origen Rías Baixas. Es pálido pero brillante, ligero y equilibrado entre algo de manzana, toronja (pomelo) y herbáceo. En un día de sol frente al mar, y el pescado fresco, las conchas, los percebes y las almejas son su mejor compañía.

Verdejo. Otra gran uva blanca de España. Da vinos muy aromáticos, con cuerpo o "drama" como les llamo yo; te recuerdan a la hierba de monte, hierbas y algo de fruta pero son suaves y armoniosos. Su denominación de origen es Rueda, en la sabrosa tierra de Castilla y León. Es el perfecto acompañante de la receta de fideuá de la página 170.

Chardonnay. Es una uva nacida y criada en Borgoña, Francia. Tiene la capacidad de tener diferentes personalidades dependiendo del clima y de cómo la elaboren. La delatan sus notas a frutas y vegetales verdes, toronja, en ocasiones frutas tropicales, y en la boca son cremosos con notas de vainilla y miel. Algunas zonas en donde las miman mucho son Chablis y Pully-Fuissé en Francia, Sonoma en California, Marlborough en Nueva Zelanda, y hasta Chile, Argentina, África del Sur y Nueva York las producen. Tienes que catarlos para entenderlos, y luego tú decides. Como es tan diverso, combina con más platos que cualquier otra cepa blanca.

Sauvignon blanc. De origen francés, esta uva tiene un aroma inconfundible. Mis favoritos son los que se elaboran en Sancerre, Francia, muy delicados y sedosos. Le siguen los de Marlborough, Nueva Zelanda. Estos vinos son totalmente diferentes, más intensos y verdes, que recuerdan al pimiento, los espárragos y a la parcha o maracuyá. Son ideales para acompañar ensaladas con espárragos, cítricos y pescados preparados de manera muy simple. En California también se produce pero se llama Fumé Blanc.

Pinot grigio o pinot gris. Esta es quizás la cepa blanca más famosa pues con ella se elaboran vinos "amigables y ligeros" de mediana y baja acidez y cuerpo. Alsace en Francia es su casa natal pero su fama se la da Italia, en la región de Trentino-Alto y Friulli-Venezia. También se produce en Nueva Zelanda, Australia, Sudáfrica, Chile y Argentina. Va bien con pollo o pescado al ajillo o el pollo en salsa de *curry*.

Riesling. Esta uva es originaria de Alemania. Como la chardonnay, puede tener diferentes personalidades, y no todos los vinos que se elaboran con ella son dulces. Se destaca por intensos aromas a frutas verdes, cítricos, en ocasiones frutas tropicales, flores y algo que llamamos *petrol* que recuerda al queroseno. Son geniales para maridar con comida china, tailandesa y peruana. Los de Mosel en Alemania son los más ligeros, y los de Alsace, Francia, son fantásticos también.

Cepas tintas

Tempranillo. Bandera de España, esta cepa es un buen ejemplo de cuán complejo es este mundo, pues con ella se elaboran vinos muy distintos aun dentro de un mismo país y una misma zona, ya que los microclimas se encargan de que sean diferentes. Es difícil decirte de qué región elegir; puedes disfrutar un sabroso Ribera del Duero, un dramático y elegante Rioja, un gran Toro: todos son excelentes. En general, son vinos de marcada intensidad, con aroma a fruta madura, muy sedosos en boca y casi siempre con notas de vainilla, madera y hasta tabaco y chocolate. Se cultiva en otras tierras, pero nada mejor que la que se produce en su casa.

Malbec. Esta es la uva insignia de los tintos argentinos y tiene su mejor casa en la región de Mendoza. Llama a una carne roja, un buen chorizo y hasta una pasta con salsa de tomate y sabores muy intensos. Son de mucho cuerpo, con notas a frutos rojos, algo pimenteros, y los mejores son los que han pasado una larga estancia en madera.

Merlot. Esta uva es la variedad tinta que llega de Francia y que cada vez está más extendida por el mundo. Da vinos menos intensos que una cabernet y una malbec y recuerda a frutos negros como la ciruela negra, la cereza negra y, en ocasiones, a la madera y el chocolate. Este vino va bien con verduras asadas, legumbres, cordero, pato o salmón. La elegante región de Burdeos, Francia —donde tuve el honor de trabajar como embajadora— colecciona los mejores, pero California y Washington, entre otros, también los producen.

Cabernet sauvignon. California ha puesto de moda esta cepa en EE. UU. y es la más conocida y plantada en el mundo, pues se adapta fácilmente a diferentes condiciones. Tuve el privilegio de ir a conocer a esta majestuosa dama francesa en la región de Burdeos. Con esta uva se elaboran vinos de un rojo intenso, elegantes, muy sensuales, con mucho cuerpo y aromas a grosellas, moras negras. Su encanto está en disfrutarla con carnes como el cordero o cabrito, aves como el pato y salsas de sabor fuerte. Son de mucha intensidad, aroma y sabor incluso a pimientos y muchas veces madera.

Syrah o shiraz. Syrah es el nombre que esta cepa recibe en Francia y shiraz en Australia. Se hace cada vez más popular debido a su módico precio, aroma y sabor ahumado y a cerezas negras, grosellas, pimienta, violetas y tabaco. Es compleja, de mucho cuerpo, pero joven y fácil de tomar para los que empiezan en esta aventura. También nacen en California, Oregon y Washington.

Pinot noir. Ligera en sabor y color pero compleja en boca, con aromas a frutas rojas bien maduras, rosa, violeta y en ocasiones setas y tabaco, la uva pinot noir es una variedad tinta francesa de Borgoña. Su personalidad varía según el suelo. Los vinos que se elaboran en el estado de Oregon y los de Francia son mis favoritos, más delicados, pero quizás prefieres los de Chile, California o Australia. Es el acompañante perfecto para salmón, pato, pollo, cordero y cerdo.

Garnacha o Grenache. De las más plantadas en el mundo, pero con su mejor casa en España, se esta cepa se está poniendo muy de moda. Produce un vino con mucha fruta, personalidad, mucho cuerpo, baja acidez, algo especiado en boca y en ocasiones se siente algo dulce. Te recuerda a la ciruela madura, la canela y los pétalos de rosa. Mis vinos favoritos son los de las denominaciones de origen Montsant, Priorat y Navarra, en España y los de Paso Robles en California.

Sangiovese. Esta es la insignia de la romántica Toscana, en Italia. Y la zona que le da su popularidad es Chianti, pues en Italia se reconoce más a la zona o denominación que a la uva misma. Es una de las cepas más antiguas del mundo, con la cual se elabora el distinguido vino Brunello di Montalcino y los populares Super Tuscans. Este vino es ideal para acompañar *pizzas*, pastas en salsas rojas y pastas con chiles. Si te fijas, cada cepa llama a la cocina de su país de origen.

Bonarda. Después de emigrar de Italia, la uva bonarda se afincó en Argentina. La conocí en San Rafael, Mendoza, en donde sigue siendo la cepa más plantada. La llamaría interesante, con aroma a frutos negros, y va perfecta con carnes y pastas de sabores potentes, quesos intensos, cordero, venado, champiñones y trufas. La versión italiana es mucho más delicada; deberías probarlas las dos.

Tannat. Esta uva es natural de Francia pero vive como reina en Uruguay, al punto que se ha convertido en la cepa del país. Tiene aromas a frutos rojos y negros, especias y chocolate amargo. El vino que se elabora con esta uva es seco y potente; va bien con un asado de carnes o con mi receta de bife.

¿Te parece mucho? Hay otras importantes variedades que no incluyo aquí, como las cepas italianas nebbiolo, barbera y mi amada arneis. Las griegas assyrtiko, limnio y xinomavro —a esta la fui a conocer recientemente a Grecia—, la zinfandel de California y las fantásticas cepas dulces para maridar con postres, como la húngara tokay, la delicada y elegante sémillon de Sauternes, Francia y el moscato de Italia, que te animo a que la explores, ya que es la cepa favorita de mi madre.

Los espumosos

Ahora pasemos al brindis, al amor, a la elegancia, a la sensualidad, mis queridos espumosos.

Champagne. Este vino es francés y es la denominación de origen más famosa en el mundo, y solo puede llevar ese nombre si es producido en dicha región. Se elabora a partir de una combinación de uva blanca chardonnay y las tintas pinot noir y pinot meunier. Si el champán es rosado es debido a que ha tenido contacto con la piel de uvas tintas. Si no es de Champagne se llama crémant.

Cava. Este vino es conocido como el champán español. La semejanza entre ambos es su método de elaboración conocido como *champanoise* o tradicional, que consiste en una segunda fermentación del vino cuando ya está embotellado. Pero para poder llamarse cava tiene que estar elaborado con uvas procedentes de alguno de los 159 municipios que forman la zona de producción delimitada por la denominación de origen Cava. De no ser así, es un simple espumoso.

Prosecco. Con esta uva se elaboran los vinos espumosos de la región del mismo nombre en Veneto, Italia. A la uva se le llama en Italia glera y la mejor zona que los produce es Conegliano Valdobbiadene. Levanta tu copa y brinda, pues son una seda, casi siempre más delicados que un champán y cuestan la mitad del precio. Si no son de esa zona son también un simple espumoso o quizás un *frizzante*, que significa menos burbujas. Por cierto, son los más populares de Italia.

En general se denominan espumosos (*sparkling wines*) a aquellos vinos que son elaborados con la misma técnica de elaboración que se aplica en Champagne, Francia, o con el método charmat que se usa en Italia. *Pero aprende a usar el nombre correcto para que no te muerda.*

Un sorbo del elegante pisco

No hemos acabado con las uvas, falta otra muy importante: la que se usa para elaborar el pisco. El pisco es el alma del Perú, protegido por el Consejo Regulador Denominación de Origen Pisco, que protege zonas de cultivo y producción. Es un tipo de brandy. También se produce en Chile y es una de las bebidas más antiguas en el mundo. Da delicada bebida espirituosa, conocida como aguardiente o mosto, que se logra con

la destilación y fermentación de las uvas pisqueras quebranta, albilla, moscatel, mollar, italia, torrontel, ovina y negra criolla, que solas o combinadas hacen un producto único. Es un destilado similar al del vino, en el cual la alta concentración de azúcares en la uva lo hacen elegante y complejo en boca. Muy artesanal, todo comienza en la uva: su poda, el control de sol, agua, salud óptima sin pesticidas y continúa con un descanso mínimo de 3 meses en cubas de guarda que no afecten su color, aroma ni sabor y que muchas veces se extiende a 12 meses, según el productor. Como el vino, cada marca te lleva por un viaje de aromas y sabores diferentes. Con este mosto se prepara el famoso *pisco sour* pero nada mejor que vivirlo solo, en copa de vino o de champán. Y de vez en cuando hay que ponerse creativo invitándolo a la receta de la página 195 o a cualquier salsa, leche de tigre o postre.

Al comprarlo, fíjate que sea de buena calidad, y eso se sabe por su precio. Si la etiqueta dice "pisco puro" significa que está elaborado con una sola uva. Si indica "pisco mosto verde" significa que su fermentación ha sido interrumpida, lo que implica que todavía guarda azúcar, por lo que resultará más delicado en boca. Si dice "pisco acholado" significa que es una combinación de dos o más uvas, mostos o piscos.

¡Venga la fiesta, que pase el tequila, el mezcal y la raicilla!

Estas maravillosas bebidas estimulan hasta al más aburrido de la noche. Cuando alegran una fiesta, todo el mundo canta, se pone el sombrero y se sube a las mesas. Pero al igual que el pisco, nada mejor que disfrutarlas de sorbito en sorbito en copa de tequila o espumoso. Conozco muy bien estas bebidas: hace unos años me interné tierra adentro en la ciudad de Tequila, Jalisco, para estudiarlas.

En México existen más de 200 variedades de agave con las que se producen estos tres dioses de la coctelería mexicana. Del agave se extrae su corazón o piña, que se cuece en hornos, se fermenta, se destilan sus jugos y se envasan o se lleva a barricas de madera para luego embotellarlos. Estas piñas no nacen cada año. Primero se siembra el hijuelo, como se le llama a la planta de chica, y después de seis a diez años de cuidado y poda y, tras ser desenterrado y pelado, está listo para el horno. Existen diferencias entre estas tres bebidas purititas mexicanas.

El *mezcal* es la bebida madre de México. Está protegida con denominación de origen y se puede producir en los estados de Oaxaca, Guerrero, Durango, Guanajuato, Tamaulipas, Michoacán, San Luis Potosí y Zacatecas. Hay más de diez tipos de agave permitidos para la fabricación de mezcal, que generalmente se hace de forma artesanal, es decir, con piñas de agave muy maduras, de más de diez años, que se cuecen bajo tierra con leña y las pencas del maguey. De ahí su sabor ahumado que lo caracteriza. Lo encuentras blanco, reposado y añejo, según estilo.

El *tequila* también cuenta con denominación de origen y solamente se puede producir en los estados de Jalisco —donde está la pintoresca ciudad de Tequila—, Guanajuato, Michoacán, Tamaulipas y Nayarit. El único agave permitido para hacer tequila es el tequilana Weber variedad azul, mejor conocido como agave azul. El proceso de producción es un poco más industrializado que el del mezcal, pero también más fácil de realizar. Hay varios tipos de tequila: blanco, joven, reposado, añejo o extra añejo, según tiempo y el tipo de barrica por el que que haya pasado. Su precio o etiqueta te dirá si es 100% agave azul. Hay muchos con agua, azúcares y otros ingredientes que solo aportan un gran dolor de cabeza al otro día. Vale la pena pagar un poco más para vivir una experiencia genuina y sin consecuencias al otro día.

La *raicilla*, que no se consigue con facilidad fuera de México, es otra bebida que amo. Se destila artesanalmente a partir del agave lechuguilla silvestre, también llamado Maximiliana, una especie exclusiva del occidente de Jalisco. Se elabora de la misma forma que el tequila y espero que llegue pronto a tierras estadounidenses.

Hay que tomar en cuenta algunos detalles importantes a la hora de comprar y disfrutar estas bebidas.

- *El precio no determina la calidad de un vino*. Lo determina su zona de producción, demanda, prestigio, calidad del año y las clasificaciones de la región y la marca.

- Muchas de las características del vino y el tequila las aporta la barrica, si pasa o no por la madera y el tiempo por el que se añeja. Y la edad es crucial en los vinos, que suelen mejorar con los años, como ocurre en Burdeos, Francia, o en algunas zonas del Piemonte, Italia. Un vino maduro siempre tiene más que ofrecernos en la copa que uno joven, tal como sucede en las relaciones.

- Un *espumoso* sírvelo entre 42 y 48 ºF, pues a menor temperatura pierde aroma y a mayor temperatura pierde delicadeza. Así que ponlo 4 horas en la nevera, 2 en el congelador o 45 minutos en un cubo de agua con hielo antes de servir.

- El *vino tinto* no se sirve a temperatura ambiente, sobre todo si "tu ambiente" es de verano. He visto cometer este pecado hasta en los mejores restaurantes. Se disfruta a una temperatura de entre 60 y 65 ºF, y lo logras con 20 minutos en la nevera antes de servirlo.

- El *vino blanco* debe estar frío pero no helado; el término fresco se aplica a los tintos. Disfrútalo a una temperatura de entre 45 y 55 ºF. Para lograrlo, déjalo unas 3 horas en la nevera y 20 a 25 minutos en el congelador o en un cubo con hielo y agua antes de servirlo.

- La *cerveza rubia* se toma helada, según la norma de los boricuas, los dominicanos y algunos argentinos y brasileños. Nos encanta la botella "vestida de novia", es decir, cubierta de escarcha. Esto se logra a una temperatura de entre 40 y 46 ºF, pero hay quienes la prefieren a 35 ºF.

- Cuanto más compleja, aromática y densa es una *cerveza negra*, mayor debe ser la temperatura en comparación con la rubia. Por eso una cerveza negra debe disfrutarse a una temperatura de unos 50 a 55 ºF.

- Si la botella de *espumoso* tiene la etiqueta *ultra brut* o *extra brut* significa que es un vino muy seco. El *brut* es un espumoso medianamente seco, en tanto que el *doux* es el que tiene un mayor contenido de azúcar.

- Tener contigo una *lista de las calificaciones* de los vinos por año te permite hacer mejor selección.

- Muchos aman los *vinos dulces de uva riesling,* de Alemania, pero su arte está en los vinos secos y semisecos. Las leyes del país los regulan por su nivel de azúcar y ácido residual. Así que cuando vayas a comprarlos fíjate en la etiqueta: *trocken* son los secos, *halbtrocken* son los semisecos y *süss* son los más dulces.

- *El arte de maridar* es un juego de seducciones entre lo que comes y lo que tomas. Lo que se busca es que se complementen mutuamente en sabor y acidez para que los disfrutes al máximo. Funciona como magia, pero a la hora de la verdad tú decides si quieres disfrutar de tu vino favorito con lo que se te antoje.

- *Cocina con el mismo vino, pisco o tequila que acostumbres tomar.* Comparte con la olla, aunque elijas el más económico. Un guiso con vino, un ceviche al pisco, una carne salteada con cerveza y hasta un flan o torta con tequila se pondrán contentos con un chorrito.

Mi intención es que entiendas que estos líquidos son un arte con historia milenaria, para que no caigas frente a botellas de baja calidad y a contracorriente de la tradición. Mi reto es convencerte de juntarte con tus amigos y hacer una cata en casa para descubrir aromas y sabores en cada copa. Invítalos a que cada uno traiga una botella con su etiqueta cubierta y así exploren variedades e identifiquen sus favoritos. Y como nadie quiere pasarse de copas, de paso se preparan una que otra de mis recetas.

¿Qué vino primero, la intención de producir estos artísticos caldos o la creación de la cocina tradicional de sus zonas? Parecería que ellos hubieran llegado antes y para disfrutarlos se creó la cocina típica que los acompaña en cada región, pues combinan perfectamente con ellos. ¿Obra de la naturaleza o arte del hombre hace miles de años? Hay que viajar en cada copa para vivirlo sorbo a sorbo.

Cheers!

> "El ser humano por naturaleza quiere trascender. Algunos pintan grandes obras, como Picasso, o componen sinfonías como Beethoven, que nos hacen preguntar cómo pudieron haber creado tantas maravillas que hoy nos deleitan. Asimismo se puede trascender a través de la pasión por el vino, el tequila o el pisco. Transmitir a otras generaciones lo que hicimos con nuestras manos, la cultura del trabajo, de las cosas simples, nos hace mantener los pies bien pegados a la tierra.
>
> El hombre puede volar con sus pasiones pero la única forma de mostrar el camino recorrido es con los pies en la tierra. Hoy podemos contar muchas historias, quizás ilusionar o motivar para crear otros tipos de arte. Eso es el vino en mi vida, el camino a trascender, es lo único que voy a dejar en la tierra cuando ya no esté más. Voy a morir con la tranquilidad de que no solo dejé una foto, dejé el fruto de donde venimos, la tierra".
>
> MARCELO PELLERITI

Dos joyas de la Madre Patria: el aceite y el jamón

Es un sueño compartir este capricho que tenía desde hace mucho tiempo. Moría por darte a conocer lo más básico de estas dos joyas de la cocina española que tanto salpican nuestras cocinas de una manera u otra, independientemente del país en que vivamos. El aceite de oliva y el jamón forman parte esencial de la dieta mediterránea y sus raíces están profundamente en la historia de España. Estos ingredientes constituyen una cultura, una especie de religión, que vale la pena conocer para que puedas valorarlos y querer invitarlos a tu cocina.

El aceite de oliva, oro líquido de mi cocina

El mundo del aceite de oliva es tan amplio, variado y apasionante como el del vino. Es posible hacer catas, maridarlo según lo que vayamos a preparar, decorar un plato antes de llevarlo a la mesa y, además, mejora nuestra salud.

Decidí hacerle este mínimo homenaje al aceite de oliva porque es muy común que mis amigos me pregunten por este producto. Algunos me llaman desde el supermercado mientras miran sin ver el estante lleno de botellas con 40 marcas diferentes: "Doreen, ¿qué aceite compro?".

Los viajes que la vida me ha regalado por importantes zonas de cultura "oleica" —ay, qué lindo me quedó eso— me han llevado a convertirme en una apasionada del aceite de oliva. Mientras escribía el libro visité olivares en Argentina, Grecia, California y España. Los paisajes de sus árboles me despiertan tantas emociones que parece que en otra vida hubiera sido yo uno de ellos. Imagínate cuánto me gustan que siempre tengo unas 20 botellas diferentes, de precios que van desde $6 hasta $100. Me confieso totalmente adicta al aceite de oliva, y me pongo como niña cuando me regalan una botella de este oro líquido.

Mi abuela lo bebía en la mañana, y me impregnaba de su aroma pues me daba masajes con él cuando era chica, y no faltaba en ninguna receta. Nací en una cultura de buenos aceites. Mi primer libro de estudio de este tema lo escribió José Carlos Capel, a quien le debo el prólogo de este libro. Asimismo, gracias a amigos en común llegó a mi vida Rafael Úbeda Ramal, quien hace uno de mis aceites favoritos, llamado Castillo de Tabernas, en los desiertos de Almería, Andalucía, y de quien aprendo cada día más. Así que aquí te va un resumen de este indispensable líquido que no muerde.

¿Cómo sé cuál es el mejor? ¿Es saludable? ¿Cómo los distingo? ¿Los uso para cocinar o no?

No todos los aceites de oliva son iguales. La calidad, el precio, el sabor y el aroma lo determinan el campo, el suelo, el clima, la variedad de aceituna, el cuidado de los olivos, el tipo de recolección, el almacenamiento y la elaboración. Lo importante es que tiene que ser aceite de oliva extra virgen, de baja acidez. Estos son solo algunos de los secretos de su receta. Los hay cremosos, mantequillosos, picantes, amargos, dulces, verdes, afrutados, con aroma a hierbas, prados, frutos secos y manzana verde y hasta con notas de cítricos, como pasa con el vino.

No hay mejor forma de aprender a conocerlos que probando o, como diríamos correctamente, catando.

Fíjate en su color y siente su aroma: pon un poco en un vaso pequeño, tápalo unos minutos para que se concentre su aroma y destápalo lentamente. Luego, echa un poco sobre una tostada de pan fresco y a la boca, para saborear su personalidad. Mis preferidos son los de España, líder mundial con cerca del 50% de la producción total, seguido de Italia, Grecia, Marruecos, Argentina, Chile, Perú y California.

Variedades

Hay muchas variedades de aceituna. Tres que me encantan y que se dan muy bien en España son: arbequina, hojiblanca y picual. La arbequina da aceites afrutados con aroma a almendras y manzanas y es de color verdoso. La hojiblanca da aceites de un tono verde intenso, muy afrutado, con notas de hierba y aguacate, con un toque picante y amargo a la vez. La picual enamora por su intenso amargor y toques aún más picantes con un trasunto a tomate, hojas verdes e incluso un delicado toque afrutado. Es muy rica en antioxidantes naturales, se dice que más que otras variedades.

Dos variedades que amo, típicas de Italia y Argentina, son frantoio y arauco. La variedad *frantoio*, originaria de la Toscana, da aceites muy cremosos, afrutados y aromáticos como la arbequina, pero te deja con un delicado toque picante en garganta. La variedad *arauco* llegó de España y fue la primera variedad que se empezó a cultivarse en Sudamérica hace cientos de años. Es la más típica en Argentina, sobre todo en La Rioja y Mendoza. Se encuentra también en Chile, Bolivia y Brasil. La arauco es de aromas y sabores complejos, más amarga, picante y en general muy robusta. Siempre la llevo en la maleta cuando regreso de Argentina.

Cómo elegir y conservar tu aceite

- No te dejes llevar por ofertas ni te "pierdas" entre botellas en el supermercado. Aprende a seleccionar el aceite de oliva con estos simples trucos, sabiendo que los principales enemigos del aceite de oliva extra virgen son la luz, el aire y el calor.
- Las botellas oscuras y las latas tradicionales son señal de calidad, ya que una botella oscura evita que la luz lo oxide y, por ende, se mantengan sus propiedades mientras no caduque.
- Asegúrate de que la botella indique la procedencia y, si puedes, compra aceites con denominación de origen, sello que garantiza la máxima calidad y una buena zona de producción, sobre todo si vienen de España o Italia.
- Puedes elegirlo monovarietal (un solo tipo de aceituna) o mezcla de varias (*blend*).
- Normalmente, los tonos amarillos y dorados delatan aceites dulces procedentes de aceitunas bien maduras. Los verdosos y oscuros serán afrutados pero algo amargos, pues los frutos no maduraron por completo.
- La etiqueta debe indicar el grado de acidez. Este grado no está relacionado con el sabor. Indica el

contenido en ácidos grasos: una acidez baja nos habla de aceitunas sanas que pasaron muy poco tiempo entre la recogida y la extracción del aceite, con magníficas condiciones higiénicas, lo cual delata una mejor calidad.

- El aceite no gana con el tiempo, así que si te encuentras con un "aceite joven" recuerda que se refiere a aceitunas recogidas en una fase temprana de maduración.

  Fíjate en la fecha de caducidad. Con los meses, todos los aceites se degradan. Generalmente, ningún aceite debe conservarse por más de un año.

- Como sucede con el vino: un aceite de arbequina de Chile no necesariamente tendrá las mismas características que uno producido en España, así que mejor optar por aceitunas típicas de cada zona.

- Guarda los aceites en un lugar seco protegido de la luz y calor, entre 65–70º F si es posible, como lo harías con una buena botella de vino tinto. Nunca cerca de la estufa o frente a una ventana en donde entra calor y luz.

- Una vez abierto, no tardes en consumirlo y siempre tápalo bien.

- No es recomendable vaciar el aceite en otro envase. En España, por ejemplo, los restaurantes están obligados por ley a cambiar directamente la botella original por una nueva, en lugar de rellenarla una y otra vez, para evitar la oxidación y la mezcla de remanentes de un aceite viejo con uno nuevo.

- Con un aceite de oliva extra virgen añades sabor a lo que cocinas. De la misma forma, decora cualquier sopa, puré o producto del mar con un chorrito de este "oro líquido" por encima y será un magnífico y sano sustituto de otras salsas.

Las categorías del aceite de oliva podrían confundirte

Las cinco categorías reconocidas internacionalmente son:

- *Aceite de oliva virgen extra o extra virgen.* Es el de mayor calidad, un tesoro compuesto de puro jugo

de aceitunas, libres de fallas, de mínima acidez, gran sabor, aroma y todas las vitaminas del fruto. Su acidez natural debe estar entre 0.1º, que es el mínimo conocido, y 0.8 a 2º.

- *Aceite de oliva virgen.* Jugo de aceituna con una acidez entre 0.9 y 2º que posee algún defecto por proceder de algunas aceitunas en mal estado o porque su proceso de elaboración no ha sido el más adecuado.

- *Aceite de oliva refinado.* Este aceite no es apto para consumo directo debido a su excesiva acidez y tiene que pasar por otros procesos antes de ser usado.

- Aceite de oliva. Se obtiene mediante la mezcla de aceite de oliva refinado y aceite de oliva virgen. Tiene mayor acidez y su sabor y olor es mínimo. Lo sueles ver en envases más grandes en la parte inferior de los estantes del supermercado. Si quieres ahorrar en precio, este te resultará más económico para freír o cocinar, con sabor más neutro.

- *El aceite de orujo de oliva.* El aceite de orujo es el obtenido mediante la aplicación de disolventes químicos a los residuos de las aceitunas ya molturadas.

Sus propiedades y usos en la cocina

Los beneficios del aceite de oliva son innumerables, desde su alto contenido en ácido oleico hasta su aporte de vitamina E y antioxidantes. Al igual que todas las grasas de origen vegetal, el aceite de oliva no contiene colesterol y no aporta más calorías que otros aceites. Es más, en un estudio realizado a principios de 2014 por PREDIMED (Prevención con Dieta Mediterránea), se descubrió que el consumo de una dieta mediterránea con aceite de oliva extra virgen reduce en un 40% el riesgo de padecer de diabetes.

En los últimos años, muchos han dejado de usarlo por la creencia errónea de que no es sano calentarlo para cocinar con él. La realidad es que sí se puede cocinar con aceite de oliva, que puede calentarse hasta 400 ºF (204 ºC), que es su grado mayor de tolerancia. Con el aceite extra virgen también puedes cocinar, pero es recomendable a menores temperaturas.

Lo mejor de hacerte un fanático del aceite de oliva es que podrás sacar de tu dieta mantequillas y aceites no tan saludables. El aceite de oliva es el aderezo más natural, sano y sabroso que puedes usar. Yo lo uso hasta para las tostadas en el desayuno, como se hace en España.

> *"El aceite de oliva ha estado presente desde siempre en la historia de la humanidad, por su capacidad de elíxir antioxidante que proporciona salud y sabor a quienes lo disfrutan. Vivir produciendo aceite de oliva es contribuir a mejorar la salud y la alimentación de los seres humanos, es una labor muy gratificante que me apasiona y me aporta energía vital a mi vida, mi familia, mi país y el resto del mundo".*
>
> -Rafael Ubeda

La gran confusión del jamón

El jamón es uno de los placeres más grandes de la gastronomía española, italiana y de todos los que amamos y damos la vida por un pedazo de jamón. Pero es un tema que provoca mucha confusión, incluso en los países en los que nacen estas delicias.

Hay quienes no lo consumen por su alto precio, y me hierve la sangre al escuchar a alguien en un restaurante español pedir prosciutto y en una *trattoria* pedir un serrano. Madre purísima y todos los santos... Cada uno es tan diferente que hay libros enteros dedicados a lo que te resumo en estas páginas.

Esta tradición es una herencia gastronómica que ha sobrevivido a través de los siglos y que aún se mantiene en ambos países. Es un trabajo en el que influyen regiones, climas, razas, vida, edad del animal, alimentación, matanza, curado y corte. Todo eso es lo que le da la personalidad, aroma, color, textura y, como resultado, su diversidad de sabores. Imagínate que hasta se llevan

a cabo catas con expertos de jamones, como se hace en el mundo de los vinos, los tequilas y los aceites.

Mi deseo de aprender las diferencias entre estos jamones me hizo abordar un avión a España, para conocer personalmente a mis amigos los cerditos y entender su vida. Te cuento lo justo y necesario de estas "joyas" de la gastronomía para que no te muerdan más, y la próxima vez que los vayas a comprar o consumir puedas identificarlos, valorarlos y hablar de ellos como todo un experto.

Viajemos a España... Sírvete un café, un jugo o una copita de vino y relájate

Cerdos en España, para este propósito y no complicarnos, hay dos: el cerdo rosado o blanco y el cerdo de raza ibérica. Es un tema tan valorado y amplio que está regulado y protegido por denominaciones de origen, como sucede con el vino y otros ingredientes.

Una vez que se corta el cerdo y se obtiene la pata y la paleta (una pieza más económica), pasan por un proceso de estabilización a baja temperatura y alta humedad. Entran varios días en salazón con sal marina para deshidratarlos y conservarlos, luego van a un proceso de postsalado de 90 días y entonces se les da un "baño" para eliminar la sal y pasar de 7 meses a 3 años en cuartos de secado. En esta etapa, se va elevando progresivamente la temperatura, para reducir la humedad y obtener una fusión natural de las grasas y una distribución uniforme de ellas. Así se logran diferentes colores, aromas y sabores. El clima de las zonas de producción es crucial y requerido por la denominación de origen. Por tradición se usan cuartos con grandes ventanales para que el aire natural se encargue de este proceso, controlado por sistemas de respaldo y la mano del hombre que abre y cierra ventanas a diario.

Los jamones que puedes encontrar en un supermercado o restaurante

Jamón serrano

Se obtiene del cerdo de raza blanca y se produce en cualquier región de España. Son cerdos alimentados de cereal y sus jamones se curan por un mínimo de 7 a 9 meses. El verdadero serrano debe llevar el sello de E.T.G., que garantiza la denominación de origen del jamón serrano. Este jamón es el más económico, representa un 90% de la producción de jamón del país y es el más común en el resto del mundo.

Jamón ibérico y jamón ibérico de bellota

Los dos se obtienen de cerdos de raza ibérica pura o cruzados con un cerdo de raza Duroc-Jersey que tenga un 75% de sangre ibérica. El cerdo de raza ibérica predomina en el este y sudoeste de la península Ibérica. Es la raza más apreciada, los cerdos son negros y viven, se alimentan y se producen de forma diferente, lo cual le da mayor valor a sus lujosas piezas de jamón. Las zonas más importantes de producción son Guijuelo, en Salamanca, la comunidad de Castilla y León, Extremadura, Córdoba y Jabugo (Huelva) en Andalucía. La calidad de cada marca la determina la pureza de la raza, el tamaño, la vida en libertad, la alimentación y producción. A continuación los separo para que los conozcas mejor.

Jamón ibérico

Los jamones tienen un proceso de curación mínima de dos años y la alimentación del cerdo es a base de pasto y cereales. Este cerdo es llamado incorrectamente "pata negra" y muchos piensan que se refieren al superior.

Jamón ibérico de bellota

Es el más caro de todos, y con razón. Cuatro meses antes de su sacrificio, los cerdos pasan por una fase más, la montanera, entre octubre y febrero (época de bellota). En este tiempo viven sueltos en el campo, entre encinas —el árbol de la bellota—, y se alimentan de pasto y bellota guiados por un porquero, quien se asegura de que se ejerciten mientras comen. El ibérico de bellota tiene un proceso de curación mínima de tres años. Se busca un equilibrio entre su peso ideal y el contenido de grasa, que dará la bellota. El color, aroma y sabor de este jamón es pronunciado pero tan suave

que casi se derrite en la boca. Su belleza está en el brillo de cada lasca, y sus vetas blancas de infiltraciones de grasa delatan la bellota consumida por el cerdo y el ejercicio que hizo en libertad; eso ningún otro jamón lo logra en el mundo. Hay varias marcas, pero en EE. UU. tenemos pocas opciones por lamentables restricciones gubernamentales. En cualquier otra parte del mundo, tendrás la bendición de encontrar más variedades.

Jamón mangalica

El cerdo mangalica es una raza de cerdos húngaros cuyos orígenes, se dice, son similares a los del cerdo ibérico. Físicamente, el mangalica tiene un pelo grueso y largo que parece lana de oveja. En 1990 quedaban en Hungría menos de 200 animales y fue declarado en peligro de extinción hasta que una empresa que visité en

Jamón Carrasco

Castilla y León los comenzó a reproducir, haciendo jamones del mismo estilo, con el mismo precio y creando un poco de confusión. En Miami he hecho la prueba de ordenar en mercados un ibérico de bellota y me han querido dar mangalica por el mismo precio. ¡Cuidado!

Para que no te confundas:

- En el mercado, hay muchas imitaciones. Busca siempre sellos de garantía y lugar de procedencia de cada uno para que no te vendan gato por liebre.
- Jamón serrano, ibérico e ibérico de bellota son jamones españoles. Siempre se cortan de forma transversal y a mano, casi nunca a maquina, en pedazos ligeramente gruesos, no muy largos y eso es un trabajo que le dejamos al maestro cortador que estudia para ello.
- El jamón no debe ponerse en frío nunca. Su temperatura ideal son unos 70 °F (21 °C).
- Una pata se debe cortar para ser consumida el mismo día, pues al igual que el vino, se empieza a oxidar rápido. Pero, en caso de tener una pata y no consumirla inmediatamente, cúbrela con su propia grasa para que se conserve.
- De una pata, los expertos identifican 4 o más sabores diferentes, dependiendo de la localización del corte. Las hay más cremosas, con diferentes niveles de dulzura, sal y grasa.
- Su contenido calórico es bajo y es rico en proteínas, vitaminas y minerales, sobre todo en Omega 3, 6 y 9.
- La carne del cerdo ibérico de raza pura alimentado con bellotas presenta la grasa animal más cardiosaludable, más sana incluso que otras grasas de origen vegetal.
- Entre sus beneficios se dice que ayuda a reducir el colesterol "malo" y a aumentar el "bueno", a disminuir la presión arterial, favorecer la circulación sanguínea, proteger el corazón, minimizar las posibilidades de sufrir trombosis y, además, aporta gran cantidad de vitamina E, de fuerte acción antioxidante.

- Tanto en EE. UU. como en Argentina y algún otro país más, se producen jamones que pueden parecer similares pero no guardan ni un suspiro de relación con esta obra de arte. Siempre lee y pregunta para que no te engañen y pagues mucho por algo que no lo merece.
- El resto de las partes de un cerdo tan valorado como el ibérico y el ibérico de bellota se aprovechan todas. Si te topas en un mercado o en un restaurante de alta cocina con un plato preparado con este cerdo te aseguro que el precio lo merecerá y la experiencia será memorable.

Jamón prosciutto, prosciutto di Parma y prosciutto San Daniele: van en ese mismo orden en precio y calidad. Son italianos, se cortan a máquina, en lascas significativamente largas y muy delgadas. Cada uno de estos tiene una historia diferente. Se producen de forma totalmente distinta, su sabor y textura son fascinantes pero es otra historia que dejaré para mi próximo libro o mi página web.

Si tienes el presupuesto para usar jamón serrano, ibérico, ibérico de bellota, algún prosciutto o carne de cerdo ibérica para alguna de mis recetas con cerdo, chorizo o jamón ahumado, me invitas, pues sabrán a gloria.

> *"El jamón es para saborear con un buen vino tinto, pero para disfrutarlo hay que conocerlo. La complejidad de su elaboración lo convierte en un producto único. La encina, la cría en libertad, las bellotas, los inviernos fríos, perduran en el jamón para ofrecernos una experiencia que siempre nos deja con ganas de repetir".*
>
> Francisco Carrasco,
> Jamones Carrasco Guijuelo

Enamora a tus niños con la cocina

Desarrollarles el paladar a los niños, con buen gusto y amor por la cocina, es un regalo para toda la vida. Si tienes hijos, sobrinos o niños pequeños en casa, una forma divertida de entretenerlos es hacerlos disfrutar de la cocina. En lugar de sentarlos a ver televisión, conéctate con ellos y enséñales que cocinar es divertido, mientras saborean ese tiempo juntos.

Ahora, recordando las anécdotas que viví de pequeña, entiendo el origen de mi exigente paladar y pasión por la buena comida. El secreto es hacer de ello una actividad entretenida, crear un ambiente agradable donde aprendan, creen sus propios platos, descubran aromas y texturas, desarrollen buen gusto y aprecien la cocina, se llenen de tradiciones familiares y adquieran los principios de una alimentación sana y variada ¡mientras se divierten!

Aquí te van algunas ideas:

- Para motivarlos, cocinen siempre un platillo que les vuelva locos. Algo para sorprender a papá, mamá, al abuelo o a sus amiguitos. Si los mayores aprecian lo que ellos preparan, se sentirán orgullosos y con deseos de seguir aprendiendo. Y cuando un amiguito cumpla años, cocina con ellos algo para regalarle. Esa idea no falla.
- Hazles sentirse útiles con tareas fáciles y seguras. Desde medir los ingredientes de la receta hasta tener su propia estación de trabajo con utensilios de cocina para niños, coloridos, divertidos y seguros. Poner la mesa les puede resultar divertido y aprenderán a valorar el sentarse a comer en ella.
- Dales a conocer los alimentos en su estado original, que hagan la pizza de la página 99, que elaboren sus propios tacos, quesadillas, pinchos o bruschettas. Acostúmbrales a manipular ingredientes desde cero, a lavarlos, pelarlos, cortarlos y formar divertidas figuras con ellos. Enséñales la variedad de ingredientes que la naturaleza nos da, ¡te aseguro que terminarán comiendo de todo!
- Despierta su curiosidad con alimentos que llamen su atención, preparen helados de frutas, pescadito frito como el de la página 155, la pita pizza de la página 99, albóndigas, vegetales y hamburguesas en miniatura, cupcakes y hasta nuggets homemade cortándolos con el cortador de galleta que te muestro en la página 20. Empanizarlos será muy divertido para ellos.
- Cómprales ingredientes de calidad. Cereales sin colores que manchen la leche, quesos sin colorantes, jugos 100% natural o mejor, ¡que hagan su propio jugo en casa con mamá en el fin de semana como lo hacía yo con mis padres!
- Reta su creatividad inventando los nombres de sus propias creaciones e incluso sus propias recetas. Para ello, les encantará usar una pizarra en la cocina.
- Acostúmbralos a que amen los alimentos frescos. Si les creas un paladar exigente, se alimentarán bien toda su vida. Te lo digo yo, que me criaron así. Tener un pequeño huerto en la casa puede ser divertido y amarán comer lo que siembren.
- Enamóralos de la comida hecha en casa y evita la comida chatarra. Esta te la suplico. Agradezco a mis padres que así lo hicieron conmigo, los fast foods no entran en mi vida.
- Mis padres se reirán de esta cuando se acuerden: contrólales las sodas, los dulces, lo frito y los

snacks de bolsa. Yo no entendía de chica por qué mi madre contaba cuántos me había dado en la semana, pero gracias a eso, hoy en día no me apetecen.

- Si tus niños te dan serio trabajo para comer vegetales o consideras que no comen la porción suficiente, haz como hace mi amiga Aslin, que echa el sofrito a la licuadora y le añade vegetales como zanahoria, apio, tomate, espinaca y otras verduras para que al hacer un guiso o arroz con el sofrito los llenes de salud en cada bocado… sin que se den cuenta.
- Disfruten la hora de la cena como familia, sin distracciones de televisión o teléfono. Volvamos a las cenas con las que nos criaron nuestros abuelos, valoremos ese momento tan valioso.

- Y algo más cuando tengan fiestas de sus amiguitos, dales de comer antes de salir para que no estén hambrientos y locos con la comida chatarra con la que podrían encontrarse.

Y aquí viene al caso recordar un pensamiento de la educadora María Montessori: *"El niño que tiene libertad y oportunidad de manipular y usar su mano en una forma lógica, con consecuencias y usando elementos reales, desarrolla una fuerte personalidad"*. Ayudemos a nuestros niños a desarrollar una personalidad fuerte haciéndoles participar en la cocina. Inculcarles valores y crearles hábitos de vida saludables es pensar en su futuro. Hazles sentir que son los chefs de la casa y convéncelos de que ¡la cocina no muerde!

Ingredientes de temporada

La naturaleza nos da lo mejor de ella en cada temporada. Si lo aprovechamos en la cocina, comeremos más sabroso y más económico. Cuando el producto está en temporada, casi siempre está en oferta en el mercado porque hay abundancia. Cuando compramos algo que no está en temporada en nuestra zona, ha sido forzado por el hombre para que se dé o ha pasado mucho tiempo en transporte, generalmente es más caro o está incluso alterado. Aquí te comparto algunos ingredientes que en su temporada nos regalarán lo mejor de ellos.

Primavera	
Aguacate	Hojas verdes
Ajo	Jícama
Albaricoque o damasco	Kiwi
Alcachofa	Mamey
Arándano	Mango
Brotes	Melón
Calabacín (zucchini)	Melón amargo
Calabaza	Nabo
Cebolla y cebollino	Nectarina
Cebolleta y chalota	Nopal
Cereza	Papaya o lechosa
Chayote	Papa o patata
Chirimoya y guanábana	Pera
Cítricos	Pimiento
Coliflor	Piña
Espárrago	Puerro
Fresa	Rábano
Guayaba	Remolacha
Guisante, chícharo o arveja	Repollo púrpura
Hinojo	Zanahoria

Verano	
Aguacate	Maíz
Ajo	Mango
Albaricoque	Manzana
Arándano	Melocotón
Bayas (berries)	Melón
Berenjena	Mora
Calabacín (zucchini)	Nectarina
Calabaza	Pana o panapén
Cebolleta y chalota	Papa o patata
Cereza	Pepino
Ciruela	Pera
Champiñón o seta	Pluot y ciruela
Chile de Nuevo México	Rábano
Frambuesa	Remolacha
Frutas tropicales	Rúcula
Guayaba	Sandía
Guisantes verdes	Semilla de soya o edamame
Higo	Tamarillo o tomate de árbol
Jalapeño	Tomate amarillo
Judías verdes o habichuelas tiernas	Tomate
Lechuga manoa (mini lettuce)	Tomatillo verde
Lima	Uva
Lichi	

Otoño	
Aguacate	Limón
Arándano	Manzana
Arveja o guisante	Melón
Banana	Membrillo
Berro	Nueces
Berza	Palmitos
Calabazas	Papa dulce, batata, camote, boniato
Cebolla	Papaya
Cebolla cipollini	Peras
Cebolleta china o cebollino chino	Piña
Chirimoya	Puerro
Cítricos	Rábano
Col de Bruselas	Remolacha
Coliflor	Repollo rojo
Dátil	Seta (o champiñón)
Endivia	Tamarindo
Frambuesa	Tomatillo
Guayabo o guayaba de Brasil	Toronja o pomelo
Higo	Trufa blanca
Hinojo	Tuna, pera de cactus o higo chumbo
Jícama	Uva
Judías	Zanahoria
Kumquat (quinoto)	Zapallo o calabaza de bellota
Lechuga de manteca o *butter lettuce*	Zapote

Invierno	
Albaricoque	Higo
Alcachofa	Higo chumbo, pera de cactus o tuna
Arándano	Hinojo
Arveja o guisante	Jengibre
Banana	Jícama
Berro	Judía verde
Brócoli y brócoli rabé	Kiwi
Calabaza dulce, de invierno o *butternut squash*	Manzana
Cebollino chino	Membrillo
Chayota o calabaza chayota	Ñame, batata o camote
Cítricos	Papa dulce, batata, camote, boniato
Coles de Bruselas	Papa o patata
Col rizada (*kale*)	Papa morada
Coliflor	Papaya
Dátil	Pera
Fruta de la pasión, parcha o maracuyá	Puerro
Frutas secas o deshidratadas	Rábano
Frutos secos	Raíz de apio
Granada	Remolacha
Granadilla	Repollo
Grosella	Trufa negra
Guayaba	Uva y pasa

Tablas de conversiones y equivalencias

Volumen

¼ cucharadita	1 ml (mililitro)
½ cucharadita	2.5 ml
¾ cucharadita	4 ml
1 cucharadita	5 ml
1 ¼ cucharadita	6 ml
1 ½ cucharadita	7.5 ml
1 ¾ cucharadita	8.5 ml
2 cucharaditas	10 ml
1 cucharada (½ onza líquida)	15 ml
2 cucharadas (1 onza líquida)	30 ml
¼ taza	60 ml
1/3 taza	80 ml
½ taza (4 onzas líquidas)	120 ml
2/3 taza	160 ml
¾ taza	180 ml
1 taza (8 onzas líquidas)	240 ml
1 ¼ taza	300 ml
1 ½ taza (12 onzas líquidas)	360 ml
1 2/3 taza	400 ml
2 tazas (1 pinta)	460 ml
3 tazas	700 ml
4 tazas (¼ galón)	0.95 lb
¼ galón más ¼ taza	1 lb
4 cuartos (1 galón)	3.8 lb

Peso

¼ onza	7 gr
½ onza	14 gr
¾ onza	21 gr
1 onza	28 gr
1 ¼ onzas	35 gr
1 ½ onzas	42.5 gr
1 2/3 onzas	45 gr
2 onzas	57 gr
3 onzas	85 gr
4 onzas (¼ lb)	113 gr
5 onzas	142 gr
6 onzas	170 gr
7 onzas	198 gr
8 onzas (½ lb)	227 gr
16 onzas (1 lb)	454 gr
35.25 onzas (2.2 lb)	1 kg

Temperaturas para horno

Fahrenheit	Celsius
200 °F	95 °C
225 °F	110 °C
250 °F	120 °C
275 °F	135 °C
300 °F	150 °C
325 °F	165 °C
350 °F	175 °C
375 °F	190 °C
400 °F	200 °C
425 °F	220 °C
450 °F	230 °C
475 °F	245 °C

Para convertir...	Multiplicar...
Onzas a gramos	Onzas por 28.35
Libras a kilogramos	Libras por 0.454
Cucharaditas a mililitros	Cucharaditas por 4.93
Cucharadas a mililitros	Cucharadas por 17.79
Onzas líquidas a mililitros	Onzas líquidas 29.57
Tazas a mililitros	Tazas por 236.59
Tazas a litros	Tazas por 0.236
Pintas a litros	Pintas por 0.473
Cuartos (de galón) a litros	Cuartos (de galón) por 0.946
Galones a litros	Galones por 3.785
Pulgadas a centímetros	Pulgadas por 2.54

Gracias es poco...

A papá Dios y a Penguin Random House Grupo Editorial por creer en mí y publicar este humilde diario de cocina.

Gracias a cada tierra que me ha recibido e inspirado. A todas les debo respeto a su gente, sus costumbres y su cocina. A José Carlos Capel por el prólogo; lo admiro tanto que no hay palabras que describan la emoción de sus líneas en este libro.

A cada marca, oficina de turismo y personita que ha creído en mí y me ha llevado a conocer el mundo para luego compartirlo con ustedes. No hay escuela que te enseñe lo que se aprende visitando un mercado y no hay pasión mas bella que la que te lleva adictamente a querer seguir aprendiendo cada día más. Gracias a todos mis amigos cocineros y chefs, ¡de todos y cada uno he aprendido! Gracias por recibirme en sus cocinas, en especial, al chef Martín Berasategui en España, por enseñarme que se puede llorar después de la mejor cena de tu vida. A mi amigo y mixólogo Junior Merino, a Chef José Mendin, Francisco Carrasco, Rafael Ubeda, Ismael Cala, Lydia Serna, al Huffington Post y al enólogo Marcelo Pelleriti, por su "bendición y letras" en este libro. Soy fan de ustedes, gracias por creer en mí.

Ojalá pudiera volver atrás y poder recompensar a cada agricultor, carnicero, pescadero, viticultor, ganadero, quesero, jimador, panadero y cocinero que me ha regalado una pizca de sus conocimientos en el transcurso de mi vida. Gracias a los hispanos en todo el mundo, en especial a España que fue mi vida, mi casa e inspiración para este libro.

A Omar Cruz, por la foto de la portada y por decirme hace ocho años que tenía que hacer en televisión lo que hacía con mis amigos en la cocina de mi casa. A María

Cristina Marrero, directora de la revista nacional *Siempre Mujer*, de Meredith Publishing, gracias por permitirme ser la editora de cocina por más de cinco años: ¡Los amo a los dos! Gracias a la familia de FoxLife por creer en mi trabajo por tantos años y dejarme llegar con mi cocina a más de dieciséis países. A Víctor Santiago, productor de *Despierta América*, de Univisión: gracias a ti hice mi primer segmento de televisión nacional en Estados Unidos, nunca lo olvidaré. A cada medio de prensa televisiva, escrita, radial, *online* y a todas las marcas que han confiado su nombre a esta humilde cocinera: ¡¡¡GRACIAS!!!

Gracias familia: Tony, Blanca, ustedes como padres han sido mi fuerza para nunca caer, jamás lo hubiera logrado sin ustedes. A mi hermana Karen, mis tíos Kenny y José, mi abuelo Noel, que era un gran cocinero y seguro lo sigue siendo en el cielo, a mi abuelo Toño y al amor de mi vida, Guelín (Estrella Lazús): los amo, gracias por el amor a la tierra y por tenerme siempre tan cerca de ustedes. Son muchos los Colondres-Medina, los adoro y agradezco su amor y oraciones.

Mencionar a todos los que me han apoyado en este camino es imposible, ustedes lo saben porque han estado ahí acompañando mis lágrimas y carcajadas. Si me olvido de alguien, *sorry*, pero gracias: chef Unmi Abkin por ser mi inspiración cuando daba mis primeros pasos en la cocina profesional, Jorge Luis Piloto, María Marín, Carmen Dominicci, Karla Monroig, Lourdes del Río, Ednita Nazario, Viviana Santiesteban, Martín Llorens, Derek Almodobar, chef Angel León, Héctor Torres, Yoel Henríquez, Patricia de la Torre y a todos mis amigos: ustedes son parte de esta receta que hoy celebramos. Eillen, Aslin, Maribel, Juanny, Mandy: gracias por estar siempre ahí y conocerme mejor que yo, por levantarme no importa cuántas veces me caiga. A mi equipo de trabajo en Miami, en Colombia y a Rocío en Argentina: Ro, eres la pieza que le faltaba a este libro, gracias por ponerle tanto amor a las fotos de mis recetas.

Y a ti que me lees y que seguro me sigues en las redes sociales: ¡gracias por tener mi alma en tus manos! Haces mi sueño realidad al convencerte de que *La cocina no muerde*.

¡Trabaja duro por tus sueños, vive siempre agradecido y nunca te olvides de los que te ayudaron a subir!

DOREEN

Índice de ingredientes

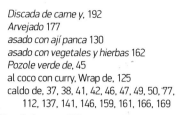